苟利国家生死以，岂因祸福避趋之。

——林则徐

中国名人堂

少年励志成长小说

少年林则徐

练建安　邱伟坛◎著

海峡出版发行集团 | 鹭江出版社
THE STRAITS PUBLISHING & DISTRIBUTING GROUP

2020年·厦门

推荐序

这是一本写给少年的励志好书。我是一气看下来的，读到动情处，仍不住眼含清泪。

虽说关于林则徐少年向学、立志成才的文学读本与影视作品此前已有，但本书确实与众不同。它以大量史实为依据，进行创作演绎，叙写真切可信，情节生动感人，尤其对林则徐举止、语言的描写，体现其彬彬有礼而不失儒雅的风姿，我以为是成功的。

有比较才有鉴别和选择，所以我认为，这本书应有“秀出群伦”的机会，甚而有广传远播的价值。它不仅对广大青少年有劝勉的作用，而且对众多望子成龙、望女成凤的父母，对热心育才树人的良师，都有启迪和参考价值。本书是对伟人进行别样叙写，故而耐人寻味。众所周知，伟人的诞生绝非偶然，既要本人立志向学、刻苦磨炼，还需良好的家庭教育，有识父母的耳提面命、言传身教，更要有良师益友的诱导栽培、陶冶磨砻。林则徐正是这样，从贫寒家庭中走出，受忧患社会的考验，宦海世情的历练，怀抱经邦济世志向，成就惊天动地功业，其一生勋业与荣名，都可溯源于少年时期的攻苦历练。本书所述就是明证。

语曰：“九层之台，起于垒土；千里之行，始于足下。”哲人杰才，成长于童稚。林则徐从幼小童年开始，接受严父慈母的教育与关爱，形成良好的品格、勤学的精神。他以聪慧之质早受陶冶，从父辈、业师处获得知识，又从同学、朋友处接受滋养润泽，切磋琢磨，遂成大材。这就是天才加勤奋孕育“神童”，学习兼修养造就圣贤的道理。《神童诗》有曰：“少小须勤学，文章可立身。”少年郎多好动贪玩，林则徐也不例外。只是他有善教的父亲，亲加启导，四岁引怀膝授书，七岁导执笔为文，循循善诱，使他早就文名。同时，父母给则徐以良好的人格塑造：“男儿当务其远者大者”“不妄取一文钱，不妄与一件事”。谆谆教诲，指引正道。

他在鳌峰书院所得教育让他终身受用。书院山长郑光策、孟超然、陈寿祺的经邦济世抱负与经世致用理想，启迪少年林则徐，催生他少年早熟，策励自作经划。他的“读书笔记”就是思考与心得的证明。他铭记“岂为功名始读书”“崇实行而不事虚名，秉公忠而不持偏见”“观操守在利害时，观修养在纷华中”。后来的仕宦经历证明，他确实不图虚名，不务声华，是踏实力行的君子和循吏，是有大智慧、大气魄的伟人。而这都是在少年时期长养形成的。

“少壮功夫老始成”，励志教育对所有少年都适合，也有必要。家境贫寒不是孩子的错、父母的过，而是社会的痛，旧时代所在多见。问题在于逆境中的励志教育使人（尤其是少年人）在逆境中励志，从困顿中奋起。莆田名宦陈俊卿曾自豪宣称“地瘦栽松柏，家贫子读书”，少年王勃称“穷且益坚，不坠青云之志”，都是自勉之词。古语云：“功崇惟志，业广惟勤。”林则徐一生建树丰功伟绩，在于他从小立下崇高而远大的理想；一生博学多能，有过多方面的创造贡献，也因他勤奋学习、笃实践行。林则徐少年时代正确的学习、自觉的修养，成就了他一生的伟业，为当代少年学子树立了良好的榜样。

本书作者选准励志典型林则徐，截取其人生最有意义的少年时光，借助通俗生动的故事叙述，包括选择经历、描摹情节、刻画心理、运用语言，惟妙惟肖地表现一位聪颖有志少年的生活、学习、思想、感情，不板滞，不虚饰，有条理，有分寸，表现其所处时代的人情世故与社会风尚，令人十分信服。作为少年儿童励志教育的文学读本，我以为本书的写作是成功的。读者会受益，社会也当会欢迎。诚然，作者在细节描写与文字表达方面，如能做得更加细致、精准些则更佳。

先哲有言：“文章千古事，得失寸心知。”对少年读者尤需谨慎，相信作者已经做了十分的努力，其略有未逮者无关宏旨。感谢作者的辛勤付出，为青少年读者奉献上优质的精神食粮。

卢美松

（著名文史学家）

2020年4月

自　序

从“林则徐星”说起

1996 年 6 月 7 日，中国科学院院士、闽籍天文学家陈建生在火星与木星之间，发现了一颗沿椭圆轨道绕太阳运动的小行星。按照国际小天体命名委员会的规定，谁发现了小行星，谁就拥有命名权。陈建生院士想到了福建先贤林则徐，于是他提议将新发现的这颗小行星命名为“林则徐星”，并获得批准。从此，“林则徐”这一名字永久镌刻在浩瀚的星空中，被人们永远铭记。

林则徐，1785 年 8 月 30 日出生于福建福州。他是我们所熟知的“禁烟英雄”，主持虎门销烟，引发鸦片战争，开启中国近代史的篇章；他是历史上有名的治水良相，从北方的海河到南方的珠江，从东南的太湖流域到西北的伊犁河，都留下了他治水的足迹；他是清代著名的政治家，履历遍及十多省，官至一品，曾任湖广总督、陕甘总督和云贵总督，两次受命钦差大臣；他博学多才，能诗善文，精书法、通篆刻，著有众多诗文作品；他还是近代中国“睁眼看世界”的第一人，至少略通英、葡两种外语，主持编译《四洲志》，参与编撰《海国图志》；在鸦片战争中，他迅速找人编译《国际法》，成为中国近代国际法学史的开端……他是中国近代史上第一位伟大的民族英雄，被尊称为“林公”！

伟人林公，其非凡之处，在于他的为人。爱国、唯民、清正、廉洁，他时时刻刻都表现出崇高的责任感和舍我其谁的献身精神。时人评价他“无一事不认真，无一事无良法”。有人戏言，这或许与林公是处女座有关，注重细节，追求完美。其实，林公之不凡来自他从小受到的精神教育和良好的成长氛围，所谓“十年树木，百年树人”。

描写林则徐个人经历和传说故事的文学作品、影视作品着实不少，但大多聚焦在禁烟、治水以及西学东渐等历史贡献上，对他少年时期的成长经历往往一笔带过。然而，在他的老家福州，有关他少年时期的传说至今仍为世人津津乐道。这一现象，从一个侧面反映出人们对于林则徐的喜爱，并在主观上自觉地用于熏陶和教育未成年人。

也正因为如此，这本励志小说《少年林则徐》就应运而生了。

作品以倒叙的手法，讲述了林则徐少时在父亲膝上开蒙，在贫寒之中立志，在文笔书院求学，在鳌峰书院苦读，并树立远大的理想和抱负，逐渐成长为国家栋梁的经历。同时，作品以独特的闽都文化为背景，以众多的闽中名士为群像，试图再现清代福建文化昌盛的景象。

这部小说在遵循史实的基本框架与脉络下进行文学创作与故事演绎。我们利用身处福州的地域和资源优势，广泛收集有关林公的传说故事，并对照历史情境进行甄别和筛选，尽可能合理地呈现林公当年所生活的历史场景和面貌。这样的写作方式，是比较耗费精力的，但在最大程度上确保真实合理与趣味可读之间的平衡，这也是我们创作的初心。

末了，想起林公的一件轶事。相传，林公初到广州上任，西方多国领事特备西餐宴请他。在宴席上，当吃冰激凌时，林公见这道菜有些眼熟，上面还冒着气，以为很烫，便吹了吹，然后才吃，结果遭到西方人的讥笑。后来，林公回请这几个领事，特地上了一道福州的特色菜——“芋泥”，跟冰激凌很像，但是不冒热气，乍看是凉菜，实则热得烫嘴。领事们跟吃冰激凌一样吃这道菜时，烫得直叫唤，林公见状，笑而不语……

请读者们看完这本小说之后，再来判断，这件事是否可信呢？

只言片语，是为序。

著　者

2020 年 4 月

目录

引 子

清朝道光十八年（1838）十一月十五日清晨，北京城内，天刚蒙蒙亮，空中万里无云，应是一片晴天。只是前几日起的大风余威仍在，时不时卷过，让人感觉一股寒气从脚底直蹿上来。已是滴水成冰的季节，紫禁城中的养心殿倒是温暖如春。道光皇帝早已晨起，端坐在东暖阁内，看着面前的湖广总督林则徐。

林则徐是福建侯官人。嘉庆九年（1804）中举，嘉庆十六年（1811）二甲第四名进士，从而入仕，此后授翰林编修，历任监察御史、盐运使、按察使、布政使、河道总督、江苏巡抚等职。其履历丰富，足迹遍及大江南北，虽在官场几许沉浮，但因善修水利、为官清廉而声誉极佳，道光十七年（1837）被朝廷任命为湖广总督。

今日，已经是道光皇帝连续第五天诏见林则徐了。他问林则徐："林爱卿，对于禁烟事宜，可有良策？"

林则徐正身肃立，答道："启奏陛下，鸦片源于罂粟，原本是药材，且不在我朝盛产，所以知者甚少。一直到苏门答腊人发明了一种吸食法，将鸦片浆汁煮熟，滤掉残渣，与烟草混合成丸，在竹管里就火吸食，这才流行起来。起初，因物稀为贵，只在纨绔子弟之间流传。后来，英吉利人看中鸦片需求，自与我朝两相通商以来，便在货船中夹带鸦片运进口岸，因早期海关查禁不严，往来运量与日俱增。嗣后，上自官府缙绅，下至工商优隶，乃至妇孺、僧尼、道士等，皆吸食之。

"与此同时，因鸦片走私贸易泛滥，大量白银外流，导致通货膨胀。单单广东一地海关，每年漏银更是增至三千余万两。若合之福建、浙江、天津等地，莫不达万万两之数？

"如此耗银之多，在于私烟之盛；私烟之盛，在于贩烟之利；贩烟之利，在于食烟之众。欲绝此患，臣以为，必定严禁鸦片。首先，切断鸦片之恶源；其次，严惩买办走私者；再次，强治吸食成瘾者。

“严惩走私买办，重者就地正法；强治吸食成瘾，限期一年戒绝。若一年以后仍吸食，是奉法之乱民，罪以死论。同时，广为宣讲鸦片危害，使之家喻户晓，人人皆知。鸦片流毒于我朝，断非常法之所能防，力挽颓波，非严蔑济。望我朝上下矢志一心，间不容发，永绝此患。臣此前已奏禁烟六法和戒烟药方四条，伏乞皇上圣鉴训示。”

闻言，道光皇帝以手支案而起，目光落到林则徐身上，高大的身材，须黑浓密，长髯及胸，庄严的风度，表情严肃而坚决。皇帝主意已定，展颜朗声笑道：“林爱卿所言，正合朕意。林则徐听旨！”

林则徐一惊，忙跪拜在地，口称：“臣，林则徐接旨！”

道光皇帝抬手一挥，早有太监捧着圣旨过来，只见谕旨上书：“湖广总督兼兵部尚书林则徐，著颁给钦差大臣关防，驰驿前往广东，查办海口事件。所有该省水师，兼归节制。钦此。”

原来道光皇帝早已下定决心要严禁鸦片，但是朝廷内外或因得利或因惧怕，反对者众，势必要着令意志坚定之人，方能彻底执行下去。与此同时，所谓“海口事件”，便不只是鸦片走私这么简单了。

林则徐得此重任，慨然说道：“臣林则徐蒙皇上重托，必肝脑涂地、死而后已。皇上既明指‘海口事件’，容臣再禀。臣以为，海口诸事，除了严禁鸦片，还有三件当务之急。其一，防范白银外流，此与禁烟乃一体两面，需双管齐下。其二，重治夷船窜越，维护正经商船，打击偷渡之船。其三，严肃水师军纪，整治外洋水域，加固我朝海防……”

“好，好，好！”道光皇帝仔细听完林则徐的话，龙颜大悦，拍案道，“林爱卿之言，俱是朕心之所想。望爱卿此去广东，旗开得胜，护卫我大清天朝。”

不知不觉，君臣二人对答三刻有余，林则徐便领了圣旨，走出冬暖阁。太阳已隐隐自东边升起，一片温暖的阳光映衬在他的身上。他手里紧紧握着圣旨，仿佛上面澎湃着方才对答的激情——他要为护卫中华大地做一件大事，拯救黎民百姓于水火之中。

他想起了很久以前，他入仕的初心与使命，还有他壮志未酬的父亲，以及难以忘怀的少年时期。

1 英雄出世

公元 1785 年 8 月 29 日，林宾日与陈兰泰在文儒坊偶遇福建巡抚徐嗣曾的仪仗队伍。当晚子夜时分，林宾日的儿子出生了。满月的时候，他为儿子取名“林则徐”。

历史的指针回溯到公元 1785 年 8 月 29 日。这天下午，位于中国东南沿海的福州城酷热难耐，人们都躲到阴凉处避暑，连向来最为繁华的三坊七巷也鲜有行人。

三坊七巷起于晋，完善于唐五代，至明清鼎盛，古老的坊巷格局至今基本保留完整，是中国都市仅存的一块“里坊制度活化石”。它以南后街为中轴，分为三个坊和七条巷，是为衣锦坊、文儒坊、光禄坊，杨桥巷、郎官巷、塔巷、黄巷、安民巷、宫巷、吉庇巷。

此时的文儒坊内，一位年近四十的中年男子走得汗流浃背，终于来到中段南侧19号的门口。也许是为了降低室温，便于空气流通，大门敞开着。男子站在门口，向里唤道："功弼贤弟，可曾在府？"

话音刚落，便听到宅内有人答话："在家在家，可是孟养世兄？"说话间，从宅子里走出一人，三十多岁模样，正是"功弼"本人。

"功弼"是此人的字，他姓陈，名兰泰。而来人"孟养"呢，姓林，名宾日。他的妻子正是陈兰泰的妹妹。

陈兰泰一边把林宾日迎进宅子，一边说道："依哥①，这大热天的，怎么还跑我这来呢？况且，依妹不是临盆在即了吗？"

林宾日以手拭汗，说道："依弟，今天说好的，要还书。我这下了课，便赶过来。刚才还有一片云，遮了点阴，没想到越走越热。"

按辈分，林宾日应该称陈兰泰作"大舅哥"，陈兰泰则应称林宾日作"妹夫"，但因林宾日年长了两岁，二人又熟识已久，倒是各论各的，"依哥""依

① 依哥，福州话，哥哥的意思。下文"依弟""依妹""依嫂"等，同理。

弟”来得亲切些。

陈兰泰招呼林宾日坐下，倒了杯福州茉莉花茶，递给他，说道：“依哥，来，吃茶，解解渴消消暑。书借给你还怕会跑了不成，迟几日再还也没事儿。”林宾日一听这话便起了性子，猛灌了口茶水，却烫着了舌头，忙不迭叫出声，倒把陈兰泰吓了一跳。

只听林宾日正色言道：“大丈夫立世，当言而有信。莫说今日只是热了些，便是刮台风、下暴雨，我也是得来还书的。”

陈兰泰知他脾气，有些哭笑不得，忙岔开话题，问道：“依哥说得是，既然说是今天还，就今天还。对了，依妹怎么样了？”

这是陈兰泰第二次发问了。林宾日方才反应过来，答道：“文华感觉大概就是这两天了，因此都待在家里。还好依嫂离得近，喊一下便可过来帮忙。”

林宾日好歹喝了一整口茶，顺了口气，自怀中取出一方粗布包着的东西，慢慢打开，显出几册书籍的样子，说道：“蒙功弼惠阅，为兄……”说话间，刚要把书拿出来归还给陈兰泰，却听到宅子外面一阵阵鸣锣喝道之声，仿佛将炎热夏日烦闷的空气划出一道道口子，直击人们的心扉。

陈兰泰早已站起身来，几步走到门口观望，林宾日也好奇地跟了上来。不一会儿，远远走来两列仪仗队伍，前头护卫的兵丁差役举着牌子，鸣着锣，吆喝着，好不威风。

巡抚

陈兰泰不由得走到街边，看着仪仗队走过，目光中分明露出羡慕的眼色，口中默念着旗牌上的字：“钦命福建巡抚大堂徐……”

“徐嗣曾。”陈兰泰一回头，原来是林宾日跟了上来，站在身后接话道。

陈兰泰望着不远处的官轿和写着大字的旗牌，不禁一声长叹，摇头苦笑道：“咱们读书人谁不盼着出人头地啊！我陈兰泰不才，到现在连举人都没考上……”林宾日脸上一热，接口道：“同病相怜，我林宾日也是枉费了二十年苦读，接连应举不中啊。”

他们二人相顾无言，默默地走回茶几旁。正要坐下，林宾日像是想起什么似的，忽然说道：“依弟，你有没有听说这位徐大人的爱才之名？”陈兰泰兀自坐下，抿了口茶，说道：“早有耳闻了。盛传这位徐大人‘喜士如嗜欲’，方才就任巡按，便广招名士。听说，他还重金礼聘有识之士，或为教习，或为幕宾。各地名士心向往之。”

陈兰泰说到这，“咦”了一声，又道：“依哥，难道你想到这巡抚的府上，毛遂自荐？”林宾日闻言，摆了摆手，说道：“俗话说，阎王好见，小鬼难求。哪怕是徐大人不及穿履，跣足出迎，咱也要能过得了那衙门的‘铁将军’啊。”

林宾日说到此处，不免长叹。陈兰泰也是摇了摇头，说道：“世风日下，人心不古。现在的官场，就是一口大染缸，况又内忧外患，听闻洋人对我朝亦是虎视眈眈……”

“依弟，”林宾日轻喝一声，道，“不言国事。”他端起刚才的那杯茉莉花茶，一饮而尽。二人又是对坐无言。

半晌工夫，林宾日方才想起今日前来的目的，几下解开刚才的粗布包裹，露出十册书籍来，豁然可见“玉台新咏”四个字。林宾日把书递给陈兰泰，说道：“这《玉台新咏》是一部由南朝诗人徐陵编辑的诗歌总集，甚是难寻。多谢功弼贤弟惠阅，今日完璧归赵。”

陈兰泰接过书，哈哈一笑，道：“咱一家人不说两家话，依哥要是喜欢，就是送给你也成啊。”

林宾日闻言，正色道：“君子不夺人所好。况且这是先岳大人所藏，甚是珍贵。”

既然书已归还，林宾日想起家里妻子还在待产中，便不再逗留，匆匆辞别陈兰泰，就往回赶路。

林宾日屡试不中，便以教读讲学为业。他在福州贡院前不远的左营司巷里租了一处宅子，并将对着巷口的厅堂辟为讲学之所，一家人则在后面的三间矮房里居住。

他一路紧赶慢赶，欲在日落之前回到家中。大着肚子的妻子早已做好了饭菜，五个女儿则齐齐坐在长条凳上，眼巴巴地等着父亲归来。女儿们一见父亲，一个个都跳了起来，一家人总算是可以吃饭了。

他的妻子陈帙，字文华，是闽中宿儒陈圣灵的第五个女儿，陈兰泰的妹妹。陈帙自幼读书，晓大义、勤女红，十八岁嫁于林宾日后，因淑惠仁德而为乡里称颂。

一家人用过晚饭，已到夜里，四下伸手不见五指。林宾日在墙壁上点了一盏灯，偌大的屋子方才有些许光亮。屋子大是大，但左右不见多少物件，用“家徒四壁”来形容再贴切不过了。

林宾日取了今天学生的课业来看，三女儿和四女儿忙着收拾碗筷，妻子则背着五女儿，领着大女儿和二女儿，就着昏暗的灯光，剪札像生花①，好卖些钱贴补家用。

陈帙手巧，所做的像生花，精巧细致，广受好评。久而久之，远近乡里来找她买花的人越来越多。她便让女儿们一齐学做像生花，好歹也是门手艺，可一技傍身。

不多时，一家人便都挤在一起，在仅有一根灯芯的油灯下各自忙活。福州的夏天出奇的闷，偶尔有风吹过，非但没有凉意，反而让人燥热，墙上的油灯也被刮得一闪一闪。

陈帙扶着案儿，站起身来，走到油灯前，刚把灯芯挑亮一些，还未转身，忽然捂住肚子，站立不稳。大女儿眼尖，大叫一声，赶忙跑过去，扶着母

① 像生花，即假花，一种手工制品。

亲。林宾日也慌忙赶来，看到妻子脑门上滚落下豆大的汗珠，着急地问："文华，是不是要生了？"

陈帙忍着难受劲儿，靠在墙边，对着丈夫微声说道："怕是要生了。"虽说这已经是妻子第七次生产了，但林宾日依旧紧张，赶紧扶着妻子进里屋的床上躺下，口中不时吩咐着："大妹去烧开水，二妹赶紧去叫你三婶来，三妹看好四妹和小妹。"

不知不觉，已到子夜时分，闷热了一天的暑气方才逐渐散去，整个福州城都酣然入睡。林宾日家的里屋终于传出一阵清亮的啼哭声，一名男婴呱呱坠地……

转眼间，一个月过去了。新生儿满月这天，林宾日一大早就和女儿们一起收拾屋里院外，张罗着办"满月酒"。

因他在此开蒙授课，颇有些声望，天亮之后，闻讯来到林宾日家贺喜的人络绎不断——有的抓着一只鸡，有的提着一条鱼，有的拎着一篓鸡蛋，还有的捧着一罐米酒。

没过多久，街坊邻居、族里乡亲便把林家不大的院子挤满了。最高兴的除了林宾日，就是他那些前来上课的学生，不仅能放一天假，还有东西吃，在巷子里可劲儿地疯跑。

待到客人坐定，林宾日便站起身来，捧起一小碗米酒，说道："诸位乡亲，犬子今日满月，略备薄酒。得蒙大家亲临捧场，我林宾日感激不尽，先干为敬。”话音刚落，林宾日便一饮而尽。

待他饮罢，便有人问道：“孟养贤弟，不知公子取名了没有？”问话的人叫林雨化①，与林宾日是同族，算起辈分来，还是长辈，但二人极为投缘，以平辈相交。

林宾日一听，忙拱手抱拳，说道：“小儿取名，则徐。”说罢，他取了一张纸给众人观看，上面写着“林则徐”三个字。

陈兰泰见状，不由得问道：“依哥，这‘则徐’二字何意？难道与‘求贤若渴’的巡抚徐大人有关？”

林宾日摇了摇头，说道：“非也。这徐大人素未谋面，礼贤下士之说只是耳闻，是清是浊也未可知晓。”

陈兰泰听到这里，像是想起什么来，脱口而出：“那难道是效仿南朝徐陵之意？”

林宾日还未答话，林雨化就先说道：“这南朝徐陵，少有才名，世称‘天上石麒麟’，为人刚正，论文世有文章流传，论武官至镇右将军。效仿徐陵，足见孟养贤弟寄望很深啊。”

听到林雨化的这番解读，林宾日倒也不置可否。其实，“林则徐”这个名字，说是效仿徐陵也可，说是与碰到福建巡抚徐嗣曾的旗牌相关，也有道理。

---

① 林雨化，字希五，闽县螺州人，著有《林希五文集》。

在林宾日看来，这仿佛是上天注定，冥冥中自有定数。但不管如何，林宾日确实在林则徐身上倾注了太多的寄望。

待到酒席散去，作别众人，林宾日对着妻子愧疚地说道："文华，想我一介书生，身无长技，还要你做像生花贴补家用，实在惭愧。恨我只会读书，百无一用是书生……"

陈帙面有不悦，止住丈夫的话，说道："万般皆下品，唯有读书高。莫说这些丧气话，咱家还指望着则徐能够一心读书，早日金榜题名，光耀门楣呢！"

林宾日一愣，不由得点头道："文华说的是，金榜题名，做官为民！"

夫妻二人相顾一笑，交流的目光中传递着坚毅。

林则徐语录

海纳百川，有容乃大；
壁立千仞，无欲则刚。

2 膝上读书

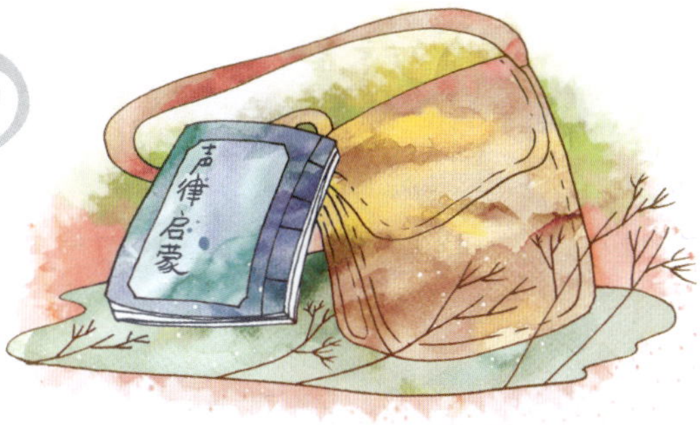

林宾日参加乡试的第三场考试时，因突发眼疾，目不能视，没能完成考题。四岁的林则徐被父亲带到学堂，坐在父亲的膝盖上，从《声律启蒙》开始，读书认字。

时光如水，岁月如歌。

清朝乾隆五十三年（1788），林则徐四岁了。

八月的一天，左营司巷的林家，陈帙领着五个女儿在做像生花，林则徐从巷子里玩耍归来。一进屋，林则徐便奶声奶气地问母亲：“依娘，依娘，我转厝①啦。”

陈帙放下手中的活计，温柔地看了一眼林则徐，说：“先洗个手，桌上有一瓣西瓜，去吃吧。”林则徐一听有西瓜吃，乐坏了，赶紧到水缸边，快速扒拉两下水后便跑了过来。他一边吃着西瓜，一边说：“我知道了，一定是叔叔来过了，送我西瓜吃。”陈帙闻言，轻叹口气，也不搭话。

吃了几口，林则徐问道：“依娘，依爹呢？”

陈帙答道：“你依爹今天参加乡试的第三场，还未转厝。”

说话间，忽听门外有人喊道：“林夫人，林夫人，快来！”陈帙闻言，吃了一惊，慌忙放下手里的像生花，起身奔了过去。一众儿女喊着“依爹”，跟在母亲后面，也一齐围了上来。只见林宾日被一个相熟的邻居扶了进门，除了行动迟缓外，倒看不出异样。

进了家门，林宾日一家赶忙向那邻居道谢。待邻居走后，林宾日坐在凳子上，面容呆滞，半晌无语。林则徐懂事地站在父亲身旁，也不说话。陈帙见状，把女儿们都支开去做像生花，悄声问道：“是不是今日的考题太难了？”

林宾日长叹一声，旋又苦笑，后转悲愤，厉声道：“确实是考题太难了，难得连题目都看不清楚，

① 转厝，福州话，回家的意思。

完全看不到啊!”妻子一听，懂了。

原来，林宾日因家贫，十三岁开始读书，数年之中，发奋苦志，心力交瘁，结果患了眼疾，常会出现短暂失明的情况。或许是命运开的玩笑，林宾日此次应举，前两场都发挥良好，若第三场能过，中举是大有希望。没想到，考试的时候，眼疾发作，目不能视，如果不是有乡人帮忙，恐怕连家都回不了。

夫妻二人相对无言，却听到林则徐在一旁，轻声说：“依爹，是不是考试没考好啊？莫伤心，明年再考，不就好了？给，吃块西瓜。”话说着，林则徐捧着刚才没吃几口的西瓜，送到父亲面前。

陈帙见此情景，鼻子一酸，转过身去，掩面而泣。

林宾日却是一愣，良久过后，突然大笑几声，竟没了之前的凄苦悲愤之状。他探手过来，寻着儿子，又一把搂过，借着眼角扫视的模糊轮廓，咬了一口西瓜，说道：“说得好，真是懂事的娃。好吃，好吃，西瓜好吃。来，剩下的西瓜给你吃，吃完了，依爹讲个故事给你听。”

林则徐听了大喜，没几口便吃完西瓜。他把只剩下薄薄一层的西瓜皮放在案几上，抹了抹嘴，扶着案几边坐下，一脸认真地说：“依爹，依爹，我吃完西瓜了。依爹讲故事。”

林宾日淡然一笑，开始说道：“则徐，依爹今天给你讲讲我们林氏一族的故事。很久很久以前，中原地区发生了一场战乱，叫‘永嘉之乱’。战乱中，中原有八大姓氏先后来到福建，称为‘八姓入闽’。这八个姓氏是陈、郑、林、黄、詹、丘、何、胡，我们林氏就是其中之一。

“在唐朝的时候，我们林家出了一位叫林披的名人，其官至太子詹事，赠睦州刺史。林披生九子苇、藻、著、荐、晔、蕴、蒙、迈、莀，皆官至刺史，领牧九州，所以人们称我们林家为‘九牧林’。

“为父自幼苦读，想将来能与‘九牧祖先’一样，金榜题名，为国尽忠，造福一方。可惜这眼睛生了病，考试总没考好，实在是让你依娘受了委屈。”

林则徐听到这，有些不解，问道：“依爹，你什么时候欺负依娘了，我怎么没看见？”林宾日闻言，先是一愣，便是开怀大笑，忙说：“没有，没有，依爹没有欺负依娘。”

这时，林宾日的眼疾略有些好转，已经能够看清眼前林则徐的模样。他伸出手，轻轻抚摸着儿子的头，说：“所以，你要努力读书，早日金榜题名。你曾有一个哥哥，为父取名鸣鹤，盼着他能读书做官，一鸣惊人，鹤啸九天，成为国家之栋梁。可惜，他……”

关于林则徐那个早夭的哥哥，他之前便听母亲和姐姐们提起过，倒也不觉得惊讶。其实，他虽年幼，但耳濡目染之下，知道一家人都盼着他读书成才。这个时候，他倒摆出小大人的模样，说道：“依爹放心，我一定好好读书，将来也当大官，就当刺史好了，跟‘九牧祖先’一样。”

林宾日被儿子一本正经的样子逗笑了，说道：“好，好，好，有志者事竟成！我儿好好读书，将来一定大有可为。不过，现在可没有刺史了。”

林则徐一听，愣了，问道：“没有刺史了，那现在有什么官呀？”林宾日答道：“当年的刺史相当于现在的巡抚。”林则徐闻言，点了点头，说：“那就当巡抚好了。”

对话至此，林宾日像是想起了什么，拉着林则徐的手，很认真地说：“我儿立志，为父欣慰。虽然你还未弱冠，但为父先给你取了字，叫元抚。就像你说的，至少要当到巡抚。你可记住了？”

林则徐用力点头，说道：“记住了，我叫林则徐，字元抚。”话音刚落，他又一脸茫然地问：“依爹，取字，我懂。但‘弱冠’是什么意思啊？”林宾日解释道：“弱冠是二十岁的意思，就是说成大人了，可以取字了。”

林则徐听了，又问：“依爹，您现在帮我取了字，那我二十岁时，是不是还可以取字？”林宾日一时也不知道怎么作答，顺口说道：“也可。”

林则徐挠了挠头，又问道：“依爹，我现在有了字，那我岂不就是大人啦！”林宾日这回无话可说了，还在想着怎么回答，林则徐就像得胜了一般，嚷嚷着说："姐姐，姐姐，我已经是大人啦。"

正在忙着做像生花的几个姐姐都停了下来，咯咯直笑。大姐假装生气，轻喝道："依弟，你叫哪个姐姐呢？"林则徐一愣，说："是噢，我也不知道叫谁了。"

众人大笑，家里因林宾日眼疾而应试未果的阴霾，瞬间被冲散了许多。

第二天，林则徐起了个大早，也不出去玩，吃完饭，便坐在凳子上，看着还在吃饭的父亲。林宾日有些奇怪，便问道："则徐，今日起早，怎么不出去玩？"

林则徐摇了摇头，说："依爹教我读书，我要当巡抚。"

林宾日忙止住他，说："则徐，胸有大志即可，切忌挂在嘴边。空口白话不如立刻行动。"林则徐马上接口道："好啊，依爹现在就教我读书。"林宾日刚想拒绝——因为今天他要去教读——但又没有说出口。

现在的林宾日受聘于罗氏试馆，就在林家左邻。这罗氏试馆，由连城罗氏人家集资筹建的，是为连城县来省城求学的士子所设的私塾。

他站起身来，背着手，踱着步，想了想，不久便拿定主意，对林则徐说："好，今天开始，依爹就教你读书。你一会就跟我到试馆去上课。"林则徐闻言，忙不迭直点头，一脸灿烂的笑容。

林宾日看着懂事的儿子，也欣慰地笑了笑，接着便进了里屋。不一会儿工夫，他走了出来，手里拿着一本书和一支秃了毛的小笔，说道：“过一会儿在试馆，我将上的课是声律启蒙。这是书，你先拿着。”说着，林宾日把书递给林则徐。

林则徐高兴坏了，忙接过书，瞪大眼睛看着。林宾日拿着笔，指着封面上的书名，说：“则徐，你先记住这四个字，先不管该怎么写，只要记住这字的样子。来，你跟着为父一个字一个字念，声——律——启——蒙——”他一边念一边用秃了毛的笔指着那四个字。

林则徐盯着父亲手里的笔，跟着父亲，一个字一个字地念道：“声——律——启——蒙——”仿佛想把这四个字一下子记到脑海里去。

林宾日再把笔递给林则徐，说：“现在把笔给你。记住，这不是让你用来写字，而是让你用来指字的。”林则徐听后一脸茫然。

父亲也不再跟他言语，牵着他的手，走出家门，往左邻的罗氏试馆去了。

进了试馆，闹哄哄的学子们见到林宾日来了，不敢再打闹，忙各自回到座位上，齐声说道：“林先生好！”问完安，大家方才注意到，林先生身后跟着一个半点儿大的小孩，有几个胆大的学子嬉笑起来。

林宾日也不搭话，严肃的目光环视课堂，学子们立刻一个个都低垂着头，不敢交头接耳。林宾日走到讲台，径自坐在椅子上，说道：“都坐下吧。”

众学子松了口气，纷纷坐下。

林宾日说道：“前几日，为师便说过，今天开始讲授《声律启蒙》。大家可曾预习？”

众学子鸦雀无声，无人回答。

林宾日略为不满，说道：“居然无人预习！你们不要以为声韵格律应试不考便不学。我们应试的文章，说白了，就是我们口中的语言。语言说得好，说得动听，说得吸引人，文章才能写得好，写得漂亮，写得在理。而这声韵格律就是我们说好话、写漂亮文章的基础。众生听着，从第一页起，跟着我念。”

他说完，将身旁跟着的林则徐拉了过来，一把抱在膝上坐着，轻声对林则徐说：“则徐，你也翻开书，从第一个字开始。我念一个字，你也念一个字。同时呢，拿笔指着那个字，想办法把这个字的样子记下来。”

林则徐一脸严肃，认真地点了点头，依着父亲说的话，照着做。

看着儿子乖巧的样子，林宾日的内心很是欣慰。他开始一个字一个字慢慢地领读着：“云对雨，雪对风，晚照对晴空。来鸿对去燕，宿鸟对鸣虫……”

林则徐起先还能跟上父亲的领读，后来慢慢就跟不上了，一手抓着笔，一手挠着头，急得想跳脚。林宾日见状，轻轻地虚抓住儿子的右手，帮着他拿笔指着书上的字，跟上节奏。

趁着领读的间隙，林宾日在林则徐耳边悄声说：“为父帮你点字，你认真看，跟着念。”

不多时，领读完成，林宾日问道：“现在念完这几页，大家有何感想？”众生面面相觑，不知如何作答。

这时，听到一个清脆的童音奶声奶气地说：“依爹，我觉得像是在唱歌。”原来是林宾日膝上的孩童抢答了，众生哄堂大笑。

林宾日见状，抓起案几上的戒尺，往桌上一拍，“啪”的一声，众生皆惊，四顾无声。随后，他面色一沉，朗声道：“笑什么？真是太令为师失望了。你们难道还不如我这四岁小儿？”

众学子这才知道，跟在林宾日身后的，是他四岁的儿子林则徐。听到林宾日如此训斥，大家收起玩闹的心态，肃穆而坐。

林宾日微微点头，抚须道：“这是我儿林则徐，往后他也会跟着我来课堂。我儿刚刚的回答，不无道理。我们的语言，我们的文章，最忌生硬晦涩，讲究的就是琅琅上口，韵味悠长。楚辞、唐诗、宋词、元曲、骈散、对联等，莫不是如歌似曲，令人读罢余韵无穷……”

林则徐听到父亲当着这么多人的面，夸他回答得好，不由得心花怒放，喜形于色，忍不住伸手拍掌。谁料到，在父亲的膝盖上坐不稳，随着“哎呀”

一声，林则徐哧溜一下摔到了地上。

方才被训斥的众学子，又是哄堂而笑。

几堂课下来，林则徐已慢慢融入课堂，能坐得下来，听得进去。林宾日不着急让林则徐认字，是为了激发儿子学习的兴趣，引导他专注地去读，去念，去学。林则徐的表现令他非常满意。

时间过得很快，一转眼就放学了。收拾好课本，林宾日牵着林则徐的小手，离开试馆，向家中走去……

林则徐语录

行止不端，读书无益。
作事乖张，聪明无益。

3 不劳而获

林则徐的三伯来林家借米下锅，林宾日和妻子将家里仅剩的粮食给了他，并叮嘱林则徐不能说出去。林则徐在买香油的路上，捡到一枚铜钱，没有归还丢失铜钱的依姆，被母亲批评责骂。

他们前脚刚进家门，林宾日的三哥林天策后脚便跟着进来。

林天策拉着林宾日，走到一侧，偷偷问道："依弟，真是不便启齿啊。这个……我这个月的课薪还未领到，家中已无米下锅。依弟能否救济一二？"

林宾日仿佛松了口气，说道："依哥，这是哪里话。你等着，我去拿米来。”说罢，林宾日几步走到里屋。

过了些时候，林宾日提着个米袋，走了出来。林天策感激地接过米袋，不住道谢，便赶紧回家下锅煮饭。

送走林天策，陈帙从里屋走了出来。林宾日看着妻子，面露不忍之色，轻声说道：“文华，我记得早上还余了些稀饭，晚上加点儿水，放些菜叶子、几粒盐，我们做咸粥吃吧。”

陈帙深深地看了丈夫一眼，默默地点了点头，说了一声“好”，便走进厨房准备咸粥了。

这一幕，倒是让林则徐清清楚楚地看在眼里。

晚饭的时候，林则徐就着几口咸粥，没有吃饱，而饭桌上，大家的气氛平静得有些异常。

夜晚，林则徐饥饿难忍，他悄悄地走到林宾日的书桌前，说：“依爹，晚上我没有吃饱。”

林宾日吃了一惊，却是深深地叹了口气，拉着林则徐的小手，心疼地说：“等明日，依爹发了课薪，咱就能买米、吃饱饭了。”

过了一会儿，林宾日很是慎重地叮嘱林则徐，说道：“则徐，你今天开始跟着依爹读书了，就是个小大人了。你天策伯伯家里比我们困难许多，他若不是实在为难，是不会来找我的。现在交代你一句，千万要记住，以后你伯父来家里，你都不能说我们没米开伙的事。千万千万！”

穷人的孩子当家早，懂事更早。林则徐听了父亲的嘱咐，心里记下，郑重地点了点头。

清朝乾隆五十四年（1789），林宾日又一次参加乡试。头两场考试，林宾日对答如流，这一天，又到了第三场。

一大早，林宾日便出门应考去了。林则徐照着父亲的安排，做完了功课，正要出去玩耍，却被母亲叫住。

母亲给了他一文钱和一个油瓶，对他说："则徐，今天是你父亲应试第三场了，等他回来，咱们加个餐。现在你去巷子口，找卖油的依姆①打一文钱的香油回来。"

听说晚饭加餐，林则徐高兴坏了，忙不迭地接过油瓶子和钱，一边答应着，一边跑出门去。

林则徐一手拎着油瓶，一手紧紧拽着那一文钱，一路小跑，不一会儿便转到巷子口。坐在巷口卖油的依姆看到他跑来，笑着说："小孩儿慢点跑，慢点跑，别摔着，把油瓶都摔没了。"

林则徐嘻嘻地笑着，跑到依姆的跟前，向她行了个礼，说道："依姆好。我来买一文钱的香油，给您钱。"说着，他把拽出手心汗的一文钱连同油瓶一起递给了依姆。

依姆接过钱和油瓶，一边起身，一边啧啧夸赞：

① 依姆，福州话，大娘的意思。

"林先生家的小孩儿就是教得好，真是乖巧啊！你等一下，我去打油来。"说着，她走到店铺里打了些香油出来，又交给林则徐，问道："你依爹是不是考举人了？"

林则徐接过油瓶，答道："嗯嗯，依爹考举人了，依娘说晚上要给依爹加餐，所以才让我来买香油。谢谢依姆，我转厝啦。"说罢，便转身跑开。

依姆看着乖巧的林则徐，说道："莫急，莫急，你回去路上小心些，别把香油洒了！"话音未落，林则徐却早已转进巷子，回家去了。依姆望着林则徐的背影，居然叹了口气，自言自语道："林先生也是命不好，一考试就患眼病。这一次，不知道又……菩萨保佑，菩萨保佑。"

一路上，闻着香油散发出来的香味，林则徐高兴极了。"真香啊！"他心想，"不知道舔一下是什么味道？"林则徐心里冒出一个大胆的念头，越想越止不住好奇，这香油闻着就很香，舔一下是不是更香了呢？

五岁大的孩子哪禁得住这样的想法。他停下脚步，提着油瓶，很认真地观察了一番，对着瓶口，又深深地闻了闻，舔一下的念头占了上风。于是，他小心翼翼地把油瓶子侧向一边，盯着香油一点点慢慢地滑向瓶口。等香油快流到瓶口的时候，林则徐伸着小舌头，凑上去，再猛地一探，一下舔到了香油。

“我的天，香油的味道怎么这么怪。”他苦着一张脸，刚想吐出来，猛然想到，家里今天好不容易买了一次香油，吐出来不就太浪费了，这可不行。林则徐一咬牙，捏着自己的鼻子，把香油和着口水，一下子全吞到肚子里去了。

林则徐这个难受啊，他跑到旁边的小水沟，强忍着没吐出来。好一会儿，他的难受劲儿终于过了。一转头，他居然看到有一枚铜钱落在小水沟边。林则徐心中一喜，顾不得许多，赶紧蹲下捡起来这一文钱。

“这是哪来的一文钱？”林则徐心里想着，站起身来，四下张望，没有人。林则徐一边把一文钱揣进兜里，一边在心里直乐：“好吧，这一文钱是无主之物，归我啦。依娘要是知道我有一文钱，该有多高兴啊，相当于白得了一瓶香油！”

林则徐正独自乐呵着，旁边里巷走来一位老依姆，一脸的焦急，眼睛盯着地上，一步步地搜寻着什么。

老依姆看见林则徐，张口便问道：“小孩儿，你有没有看到地上有一文钱啊？”

林则徐一听，心里咯噔一下，突然心跳加速，敢情这一文钱是这个老依姆掉在地上的。他那揣在兜里的手，不由得紧紧抓住一文钱，没有言语。

老依姆见状，以为孩子被吓着了，忙冲着林则徐挤出一点儿笑容，再次问道：“小孩儿，莫害怕，依姆不是坏人。你听依姆讲，依姆在家里数好钱出来，要去买米，刚刚就在这路上，裤兜破了，掉了几文钱，这一路找啊，找来找去，就差了一文钱没找着。小孩子眼尖，你有没有看到一文钱？”

林则徐听到老依姆这番话后着实愣住了，不由自主地摇了一下头。老依姆见了，叹口气，也没心思再搭理这孩子，又自顾自地去找钱了。

“这钱兴许不是这个依姆掉的。”林则徐看着依姆的背影，在心里安慰着自己。

回到家中，林则徐一路小跑进了厨房，把油瓶给了母亲以后，从裤兜抓出那一文钱，有些得意地说：“依娘，你看，我还有一文钱。喏，给你。”

陈帙十分诧异，面色严肃，认真地问道：“你怎么还有一文钱？”

林则徐跟倒豆子一样，把刚才捡钱的事，一五一十地告诉了母亲，最后还说：“依娘，这是不是白得了一瓶香油啊。”

陈帙听完，面色一变，刚要发作，忽然意识到这是个五岁大的孩童，便耐着性子问林则徐：“则徐，依娘来问你，你刚捡来的这一文钱是你的吗？”

林则徐一愣，隐约觉得母亲不高兴了，弱弱地回答：“不是我的。”

母亲问：“那你知道，这一文钱是谁的吗？”

林则徐答：“是……是那个老依姆的。”话一出口，他接着又说，“可是，说不定不是她的。”

母亲听他狡辩，面色一沉，说道："但一定不是你的。"

林则徐一惊，轻声嘟囔着："是我捡到的啊。"

母亲一听，面容愈发严肃，问道："林则徐，依娘问你，你依爹怎么赚钱？"

林则徐答："依爹教书赚钱。"

母亲再问："你依娘怎么赚钱？"

林则徐答："依娘做像生花赚钱。"

母亲厉声问："你呢，你怎么赚钱？"

林则徐呆住了，不知道怎么作答，心里一急，鼻子一酸，都快哭出来了。

母亲继续说道："依娘跟你讲，你现在还不会赚钱。依娘再问你，这一文钱，是你依爹给你的吗？"

林则徐带着哭腔，答："不是。"

母亲又问："是你依娘给你的吗？"

林则徐鼻子一抽，答："不是。"

说到这里，母亲轻叹了口气，把林则徐搂了过来，轻声说："你还不会赚钱，这一文钱不是依爹给你的，也不是依娘给你的，是你捡来的。捡来的东西，不是咱们通过自己的努力赚来的，是不劳而获。你依爹教书授业，既教人识文断字，又教人行为处事。他常常自豪地说，从不妄与一事，不妄取一钱。现在这一文钱，我们不能拿。你能明白吗？"

林则徐忍着不哭，点了点头，说："依娘，我能明白。"

母亲听林则徐这么一说，心底大为宽慰，接着又说："况且，人家依姆肯定着急用钱，你得赶紧还给人家。"

林则徐闻言，止不住地点头，说："依娘，我现在就去还给老依姆。"在得到母亲的肯定之后，林则徐又是一个小跑，出门去了。

林则徐语录

出门一笑莫心哀，浩荡襟怀到处开。
时事难从无过立，达官非自有生来。

4 灯下教读

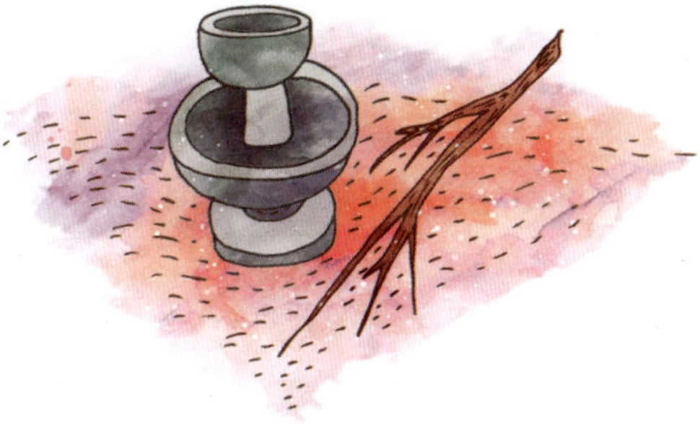

林宾日参加乡试，又一次因为眼疾无法作答，在陈寿祺陪同下，懊丧地回到家。晚上，林宾日点了家里唯一的一盏油灯，灯下长幼依次列坐。林则徐在父亲的一侧对着围起的沙子，以沙粒做纸，以树枝做笔，练着字。

就在林则徐刚出门的工夫，林宾日就从门外走了进来，跟他一起来的，还有一位面容清秀的少年，虚扶着他。

陈帙忙迎了上去，却见林宾日步履迟缓，面无表情，还不时以手揉眼。她顿时明白几分，心里不由苦笑，多少有些认命了。

林宾日还未说话，旁边的少年对着陈帙行了一礼，说："这位想必是林夫人了。方才应试的时候，林先生患了眼疾，行动不便，在下陪他回来。"

林宾日这次应试到第三场，仍是眼疾发作，不过比去年稍好些，多少还能看见事物的轮廓，只是字写不了。经过这么多次类似的遭遇，林宾日也淡然了许多。

陈帙扶着丈夫在院子里就着长条凳子坐下，赶紧到里屋倒水来给他们解渴。

二人坐定，林宾日居然有几分高兴，冲着那少年说道："恭甫贤弟，愚兄今日虽再次应试不中，但也不是一无所获。得以认识贤弟，真是三生有幸啊。"

少年赶忙摆手，说道："林先生言重了，寿祺得遇先生，才是受益匪浅。"

这少年叫陈寿祺①，字恭甫。陈寿祺此次也是应举而来。他做完试题出来，发现林宾日的异样，便主动扶林宾日回家。在路上，二人相谈甚欢，大有相见恨晚之意。

这边林宾日说道："恭甫贤弟过谦，你我二人一见如故，你莫要叫我先生。况且早就听闻孟超然先生对贤弟有'通儒'之评，年少而有大才，我们以

---

① 陈寿祺，清代福建知名学者，曾主持编修《福建通志》，著有《左海文集》等作品。

平辈论交，才好相互学习，共同进步。”

陈寿祺推脱不过，只好依从。

这时，林则徐从门外进来。他看见父亲已经在家了，忙跑过去，行了一礼，说：“依爹，你回来啦。”

林宾日微笑着，拉起林则徐的手，道：“则徐，这是陈恭甫先生。学问很大，你以后要是有机会跟着他学习，那就是你的福分啊。”说罢，他又跟陈寿祺介绍道：“恭甫贤弟，这是犬子林则徐。”

林则徐向陈寿祺行了一个礼，说：“见过陈先生。”陈寿祺看着林则徐乖巧的样子，忍不住夸了几句。林则徐也好奇地看着这位年轻的“陈先生”，不自觉嘀咕着：“这位先生怎么没有胡子啊？”

不想，这句话被两个大人听见了，二人相顾大笑。

是夜，林则徐一家人用过晚饭，又开始忙碌起来。

林宾日借着夜色微光，点亮了家里唯一的一盏油灯。一灯在壁，灯下长幼依次列坐。他取来书籍，仔细阅读，案几上摊着他的读书笔记。妻子领着五个女儿，做像生花。林则徐在父亲的一侧对着围起的沙子，以沙粒做纸，以树枝做笔，练着字。

今年的秋闱应试，林宾日又因眼疾没有考完，更谈不上中举。类似的经历多了，林宾日反而淡然了，隐隐地把读书为官的希望寄托在林则徐身上。

没看几页书，他的视线便略微有些模糊了，眼角湿润，时不时地揉着眼睛。

林则徐把这一幕看在眼里，挨着父亲问道：“依爹，你流眼泪了，是不是哭了呀？”

林宾日笑了笑，说：“依爹没有哭，只是念书久了，眼睛难受。”

林则徐闻言，看着父亲发愣。半晌，他突然问父亲：“依爹，我们为什么要念书呢？”

林宾日听了，一怔，没有立刻作答。妻子和女儿们也都听到了问话，不由得停下手中的活计，一齐看向林宾日。

是啊，为什么要念书？林宾日看着林则徐清澈的目光，思考着该怎么对这五岁的孩童说呢？他首先想起荀子的《劝学》篇：“君子曰：学不可以已。青，取之于蓝，而青于蓝；冰，水为之，而寒于水……”这段话说的是，不念书不知道学问的博大精深，即使自己思考很久，也未必比学习来得快。人人生而无不同，只是念书的人善于应用知识罢了。

但是这番话，对于现在的林则徐来说，还理解不了。

林宾日又想起宋真宗赵恒的《劝学诗》：“富家不用买良田，书中自有千钟粟。安居不用架高堂，书中自有黄金屋。出门莫恨无人随，书中车马多如簇。娶妻莫恨无良媒，书中自有颜如玉。男儿若遂平生志，五经勤向窗前读。”诗的内容说得很直白，念好书自然会有锦衣玉食和荣华富贵，娇妻车马皆相随。只是道理说得太重功利，过于片面，林宾日自己都不大认可。

九层之台，起于垒土；千里之堤，毁于蚁穴。林宾日深知自己的儿子年纪尚幼，不过正是启蒙的好时候。正确的认知态度，必然影响他将来的为人处世，决定他今后的发展道路。

林宾日假装刚刚听到儿子的问话，放下手中的书籍，自然平淡地对他说：“念书为了明理，明理为了做人。”

林则徐听了这个回答，又问：“做人？依爹，我们不已经是人了吗？为什么要做人？”

林宾日没想到林则徐会问这个问题。略一转念，他问儿子：“则徐，我来问你，牛羊鸡鸭有没有穿衣服？”

儿子扑闪着眼睛，立刻答道：“没有。”

父亲再问：“那我们人有没有穿衣服？”

儿子迅速作答：“我们穿了衣服。”

父亲微笑着说：“我们为什么穿衣服呢？因为我们是人啊，做人就要有做人的样子，要不然，与牛羊鸡鸭这些牲畜有什么区别？”

儿子听了，恍然大悟。

林宾日握着林则徐的手，接着说：“为父希望你能好好读书，明白事理。好好做人，做一个好人，做一个顶天立地的男子汉！”

林则徐猛地点头，说："我一定好好读书，好好做人。"话刚说完，他想起什么似的，又赶紧补充道，"还要好好穿衣，不做牛羊鸡鸭。"

大家听了，全都哈哈大笑。

过了一会儿，林宾日问起林则徐的功课来："则徐，这几天学的《诗经》，背熟了吗？"

林则徐赶紧回答："依爹教的我都背熟了。"

林宾日还未问话，林则徐便先问道："依爹，我们为什么学《诗经》呢？"

这个问题倒是有不少学生问过，林宾日早就思考过，也不难作答。他说："至圣先师孔子曾说过：'不学诗，无以言；不学礼，无以立。'这里的'诗'指的就是《诗经》，'礼'指的是《礼记》，这都是'四书五经'里的作品。"

说到此处，林宾日停下来，问林则徐："依爹考一考你，可还记得何谓'四书五经'？"

林则徐朗声回答："'四书五经'乃儒学经典。四书者，《大学》《中庸》《论语》《孟子》也；五经者，《诗经》《尚书》《礼记》《周易》《春秋》也。"

林宾日听儿子答得正确，点了点头，说道："中国古诗，字短意深，包罗万象，是古人智慧所成。学了诗，就能多了解知识，比如一些称谓、典故。学得多了，我们说话才会有内容，别人才能听得进去。这就是'不学诗，无以言'。"

林则徐听得认真，林宾日便继续说道："礼仪是中华民族的传统美德，从古至今，源远流长。有礼则安，无礼则危，礼教恭俭庄敬，此乃立身之本。以礼待人才能以理服人。这就是‘不学礼，无以立’。”

要说刚才的话，林则徐还能听得一知半解，这段话就有些难懂了，他有些茫然。林宾日也不再做解释，问道：“你说都背熟了，依爹再考你一下。背一首《硕鼠》试试。”

林则徐也不再多想，张口背道：“硕鼠硕鼠，无食我黍！三岁贯女，莫我肯顾。逝将去女，适彼乐土。乐土乐土，爰得我所……”

他刚一背完，旁边正在做像生花的五姐便拍起手来，说：“丫霸①，依弟背得真好。”母亲不由得笑了，说：“依妹，你又不会背，怎么知道依弟背得好？”五姐吐了下舌头，笑而不语。

林宾日也笑了，说：“背得不错。”

领了夸奖的林则徐很是得意。不过他突然很认真地问：“依爹，硕鼠是什么东西呢？”

林宾日回答：“硕鼠就是大老鼠。”

林则徐再发问：“那《诗经》里，为什么要写大老鼠呀？”

这时，林宾日没有直接作答，反问林则徐：“农民辛勤耕作，这种大老鼠却坐享其成、不劳而获，

---

① 丫霸，福州话，很厉害的意思。

你说可恨不可恨？”

林则徐一本正经地说：“着实可恨！”

林宾日再问：“那该怎么做？”

林则徐正色道：“要除掉这些大老鼠。”

“说得好！”林宾日点点头，再次引导儿子，说道，“如果有一些坏人，有一些贪官污吏巧取豪夺、鱼肉百姓，就像这些大老鼠一样，你觉得该怎么办？”

林则徐一副正气凛然的样子，大声说道：“我要当大官，专门治这些大老鼠一样的坏人。”

“丫霸！”林宾日不由赞道。

林则徐语录

社燕逢春留好语，地无寒谷春常在。

5 为何读书

林宾日多加了一根灯芯，一家人围着一盘素炒豆腐，吃年夜饭。林则徐看着母亲和姐姐日夜操劳，剪札像生花到深夜，很是心疼，想帮忙，母亲对他谆谆教诲。

乾隆五十六年（1791）除夕，林宾日早早地放了课，带着林则徐回家。家里，陈帙也已领着五个女儿将屋前屋后打扫了一遍，虽然简陋，却也显得敞亮。

林则徐已七岁。回到家中，他照例用沙粒和树枝作为书写工具，规规矩矩地做功课。或许是冬天的缘故，没过多久，天色便暗了下来。

就在他觉得快看不清字的时候，一道亮光从墙壁上播撒下来，原来是父亲点了油灯。往常，他们家总是借着月色，在吃过晚饭后，才点灯照明，今天居然破例提前点上了灯。林则徐心中不由得欣喜。

林宾日看着儿子认真写字的样子，心里甚是欣慰。他转头跟妻子说道："文华，你再去拿根灯芯来。"

陈帙不明所以，但也依言走进里屋，取了一截灯芯。然后便听到林宾日说道："文华，我的眼睛不方便，你仔细些，加一根灯芯到油灯里吧。"

"嗯？"陈帙听了丈夫的话，忍不住问道，"有一根灯芯便够了，为何还要加一根？"

林宾日略微笑着说："今天是除夕，咱们早一点儿点灯，也点得亮一些。"陈帙听罢，点了点头，明白了。一天的劳碌下来，她都快忘记今天是除夕了。

于是，陈帙走到壁灯前，拿了头上的簪子，挑了一截灯芯，加到油灯里去。家里四壁登时显得愈发"亮堂"。他们的五个女儿也都停下手中的活计，一齐望向墙壁上的油灯。这是一盏普普通通的青花瓷油灯，上面没有人物描绘，没有飞禽走兽，甚至也没有泉水祥云缠枝花卉等图案，然而此时煞是夺目。

林则徐忍不住拍手道："好亮，好亮。以后，我们每天都点两根灯芯。"

"不，就只有今天。"林宾日淡然一笑，接着说，

“因为今天是除夕，我们多点一根，以后就用不着啦。”

林则徐有些失望，却不再多言语。幼小的他还不是很理解为什么只有今天才能多点一根灯芯，也不大理解什么是“用得着”或“用不着”。

他兀自发呆，母亲已经在招呼大家吃年夜饭了。

不多时，一家人其乐融融地围着桌子纷纷坐定，面前只是一小碗白饭。这时，陈帙端上来一大盘菜，豁然是一盘素炒豆腐！摆定之后，只听她说道：“今天豆腐管够噢，依娘还多加了香油和盐巴呢。”

林家儿女们欢呼了一声，却没人动筷子。

林宾日和陈帙四目相对，深深地望了一眼，好像都在等对方说话。林宾日先拿起筷子，夹了一小块豆腐往嘴里送。他的嘴角露出一丝笑容，一边啧啧夸赞，一边说道：“你们依娘的厨艺越来越好，这豆腐真好吃。大家都来吃，来吃。”

话音未落，大姐先动了筷子。她夹了一大块豆腐，蘸了蘸碗底的汤汁，送到林则徐的碗里，笑着说：“弟弟，好香好香的，你赶紧吃。”

林则徐猛地嗅了嗅味道，确实很香。他环视几个姐姐一眼，就先吃起来了。

林宾日一家，一盘素炒豆腐就着两根灯芯的亮光，在这个除夕夜，算是吃过了一餐年夜饭。

这顿饭似乎吃得比往常久了些。

收拾完碗筷，这个除夕似乎与平日并无不同，这个冬天还比往年都要冷上几分，也并没有因除夕的到来而显得温暖。

长夜漫漫，朔风怒号，天寒夜永之际，林家院内，一灯在壁。林宾日在灯下看书，林则徐在一侧练习写字，陈帙依旧领着女儿们在做像生花。

照惯例，除夕夜是要守岁的。奈何林则徐年幼，不及子夜便早早睡下了。

林则徐在这个除夕夜做了一个梦，梦到放学路上，他又看见那个丢了钱的老依姆。这回，老依姆不止丢了一文钱，而是丢了一锭银子，白花花的，在阳光下闪闪发亮。梦里，他很想去捡那锭银子，可是一伸手，银子却变成了石头。后来，石头也不见了，变成了香油瓶。他拿起瓶子，跟喝水一样喝香油。梦里的香油喝起来真是又香又甜。但是，他喝得太猛了，直接喷了出来……

林则徐醒了。

他坐起身来，揉了揉眼睛，一道亮光从门缝透了进来，环顾四周，除了他，一个人也没有。一阵北风顺着门缝，跟着亮光一起卷了进来，林则徐打了个哆嗦，卷了卷被子，又躺了下来。

再躺下来，林则徐却睡不着了，还能隐约听到几声鞭炮的响声。

林则徐咬咬牙，从床上下来，把新年的衣服穿在身上。他轻轻推开里屋的门，只见母亲和姐姐们都还坐在凳子上认真地做着像生花，似乎从未停歇。

母亲见林则徐醒来，略有些吃惊，赶紧起身。她走到林则徐身边，搂着儿子问道："怎么了？半夜起来，可是冷着了？"

林则徐依偎在母亲怀里，轻声说道："不冷。只是醒了，睡不着。"说罢，他又问道："依爹呢？"

母亲拉着林则徐，在凳子上坐下，应道："你依爹眼疾患了，已经睡下了。"

林则徐又问母亲："依娘，今天怎么这么迟了还不睡？"

嘴快的五姐一边干着活计，一边连珠炮般说道："依弟，今天是除夕，我们要守岁，就你跟小猪一样，睡得真香。"

林则徐脸一红，赶忙说道："我不是猪，我是不小心打了个盹。"五姐立马接口说："打了个盹，就睡着了。"话音未落，母亲斜了五姐一眼，没想到她继续说道："依娘可是天天带着我们做活到鸡鸣呢！"

母亲轻声道："就你话多，干你的活去。"五姐吐了下舌头，便不再言语，其他姐姐却在一旁偷笑。

林则徐听到这里，侧过身子认真地问母亲："依娘，你们每天都做到鸡叫吗？"说着，他拉过母亲的手，还想再说什么，却猝不及防地被母亲的手冰了一下。原来是天气太阴冷，母亲的手因为一直在干活而被风刮得冷冰冰的。除了冷冰冰之外，母亲的手还因为寒冷而皲裂，触摸上去，就好像刀子割开一样。而当他握着母亲的手时，母亲的手臂上还因为有温差起了鸡皮疙瘩。

母亲赶紧抽开手，整了整儿子的衣服，说："依娘和你依姐都习惯了，左右不过是手上的活计。你和你依爹都是读书人，费脑伤神，总是要休息得好才行。"

林则徐看了看母亲，又看了看忙忙碌碌的姐姐们，突然说道："依娘，我不念书了，我帮你们做像生花吧。"

母亲一听，面色阴沉，严肃地看着林则徐。过了一会儿，她表情松弛下来，却又认真地对林则徐说："则徐，你为什么想要做像生花？"

林则徐回答："我看依娘和依姐都很辛苦。我也长大了，可以帮家里做点儿事情了。再说，我是家里的男子汉，应该为家里挑大梁。"

母亲闻言，温柔地说："你这样说，依娘很开心。你能为依娘、依姐，还有我们家着想，说明你快是我们家的男子汉了。"

林则徐听了，正要得意，却听见母亲话锋一转，说道："可是，依娘告诉你，这是错的。"林则徐原以为母亲会称赞他懂事，说他懂得为家里分担，体谅母亲和姐姐们，没想到母亲告诉他，这是错的。

母亲一字一顿地问林则徐："依娘先问你，男子汉该做什么事情？"

林则徐一怔，不知道如何回答。

母亲接着说："男子汉做他应该做的事情。"

“应该做的?”林则徐琢磨着这句话。

母亲又问:“你觉得现在什么事情是你应该做的?”

林则徐恍然有所悟,轻声说道:“读书。”

母亲点了点头,说:“是的。好男儿应该为远大的理想、志向而奋斗,而这理想、志向、抱负,都要以读书作为基础。所以你现在应该做的事情只有读书,把书读好了才能够做大事,这才不辜负依娘和依姐们的一片苦心啊!”

林则徐明白了。他转过头来,看着正在做活计的姐姐们,没想到姐姐们也一齐看着他。忽然,林则徐问道:“依娘,为什么只有我读书,依姐为什么都不读书?”姐姐们听到这句话,全愣住了。她们或许想过这个问题,却从没有问过;又或许,从来都不曾想过这个问题。

母亲也愣住了,一时之间无法言语。她自己倒是识文断字,但都是她父亲居家所授。半晌,她幽幽地说道:“男耕女织,天经地义,自古皆然,分工不同。”说完,她觉得还不够,又补充道:“现在只有男子可以读书做官,只有男子就读的学堂,没有女子学堂。”

趁林则徐还未反应过来,母亲又继续说道:“况且家中只能供得起你读书,你依爹又有眼疾。我们的希望都在你的身上。你不单单是为了你自己读书啊。”

林则徐听到这里，突然觉得自己的肩上多了几分重量，心里却愈发坚定，一定要好好读书，这不仅仅是他一个人的事情，还是一家人的事情。

只是，他在心里默默地想："依姐不能上学堂，我可以教她们啊。"

林则徐语录

心高气傲，博学无益。

时运不济，妄求无益。

6 芒山书院

林宾日为了多赚些钱，到偏远的芒山书院兼课任教，林则徐也跟着到了芒山书院。这一年，林则徐七岁，父亲开始让他学着做文章。

这年春节刚过，林宾日拉着妻子到里屋，双手抚掌，左右踱步，欲言又止。陈帙见了，不免有些好笑，开口说道：“你呀，有什么话，就说吧。”

林宾日像是下定决心一样，站定了身子，很认真地说：“文华，是这样，我想换一个书院。”

陈帙奇道：“换个书院？”

林宾日先问：“你可还记得陈绸石？”

陈帙应道："记得，他可是你谊亲，是你兄长。"

林宾日点了点头，说道："他现住在南港文山村，那里有一座芒山书院，他是山长[①]，想请我去做主讲。"

陈帙闻言，吃了一惊，说道："南港离这有二十多里地，来回就是四十多里，况且是做主讲，你一天下来，身体哪里能扛得住？"

"文华，"林宾日握着妻子的手，做她的思想工作，"你听我说，到芒山书院当主讲，我也是考虑了许久。想来想去，除了路途稍微远些，还是有些好处的。其一，陈兄长是山长，他给的课薪会高些；其二，我推荐功弼一起去讲课，他也同意了，我们二人可以互相有个照应；其三，陈兄长家离书院约百步，他辟了两间房间，给我们休息之用，如果放学晚了，也可以住在那；其四，我想把则徐带去上课，书院里头藏书甚多，晚上做功课的话，也亮堂些。"

说到此处，陈帙听了一怔，随即明白过来，这后一句说的是书院的灯亮且免费。

林宾日说完话，不由得脸红起来，但他还是接着说："文华，则徐是个肯读书的好孩子，他勤奋用功，这点我是放心的。但是，我的眼睛已经不行了，就怕时间久了他的眼睛也有隐患。"

---

① 山长，古代书院负责人，负责讲学并主持院务。

陈帙轻叹口气，说道："我都明白。你就放心带则徐去吧，家里有我。"

林宾日很是感动，紧握着妻子的手，说道："俗话说，贫贱夫妻百事哀。都怪我的眼睛不争气，苦读数十年，莫说锦衣玉食，连粗茶淡饭都给不了你和孩子们。"

说罢，林宾日便退后一步，向着妻子深深作了一揖。

第二天一早，林则徐便跟着父亲林宾日和舅舅陈兰泰走了小半天的路，来到文山村的芒山书院。

芒山书院是一座古老的平房，房前一堵低矮的围墙，距墙三米处，便是书院。院内窗棂花纹细致古雅，有四扇三间小厅，厅前两旁为厢房，厢房中各有学生在上课，授课的正是陈絅石。

这陈絅石长须及胸，约莫五十余岁，一见林宾日他们，喜出望外，忙停了课，将他们三人接到自己家中安顿下来。陈絅石的家距芒山书院约百步，门临大江，前后两进，各有房屋数间，十分宽敞。

林宾日等三个大人在厅堂内寒暄叙旧，林则徐终究不过是七岁孩童，哪里坐得住。在得到父亲允许之后，他便四处闲逛。

这是林则徐第一次远离家门，环顾四下，都是新鲜。他这边逗逗小鸟，那边拣拣树枝，玩得不亦乐乎。只是，当他玩兴正浓时，突然内急，实属难忍。他夹着腿，又不好意思问茅房在哪，眼见着厅堂前就有块空地。他赶紧过去，躲在一侧，退了裤子，以解千愁。

林则徐正“开闸放水”之时，突然听到不远处有人喊道：“喂喂，小孩，不能在此小便!”他循着声音，左右没人，大概在身后。这下他还没排完，便急中生智朗声说道：“小孩不能在此小便。我是大人，可在此小便。”

他这一说话不打紧，倒把厅堂上正在畅聊的三个大人吵到了。林宾日一脸尴尬，忙站起身来，行了一礼，抱歉道：“陈兄长，小儿无状，疏于管教，让兄长见笑。”

说完话，林宾日正要叫来林则徐，准备训斥一番。陈绸石哈哈一笑，抬手止住，捋须说道：“孟养过谦了，愚兄倒觉得这则徐小侄思维敏捷，反应迅速，实属可造之才。”话音未落，他又问道：“对了，则徐小侄今年多大了?”

林宾日依言回道：“小儿七虚。”

陈绸石又问：“可曾上学?”

林宾日应道：“小儿还未曾正式上学，只不过自四岁起，便跟着我在试馆听讲，倒是识得些字，背了些篇章。”

陈兰泰问道：“那孟养兄此次带他来，是作何打算?”

林宾日闻言，向陈兰泰作揖，诚恳地说：“功弼既然问到，愚兄倒有个不情之请。贤弟的文章深入浅出，条理清晰，较之愚兄略长几分。愚兄想让则徐拜在你门下，好教他学做文章。”

陈绚石和陈兰泰听了，都着实一怔。陈绚石问道：“孟养，小侄方才七岁，哪怕认得字，背得书，也就罢了。学做文章，是不是为时尚早？”陈兰泰也有疑虑，点头道：“是啊，会不会有些欲速则不达？”二人一齐望向林宾日。

既然话说到这，林宾日倒是直截了当，摇摇头，解释道：“在我看来，此举非欲速也。我儿性灵，屡有新知新见，又常有惊人之语。如果现在不引导他，我担心以后反而会让他的认知和探求知识的欲望停滞。我觉得这才是所谓的‘因材施教’啊！”

联想到刚才林则徐的“大人”之语，陈绚石和陈兰泰纷纷点头。

林宾日接着向陈绚石作揖，说道：“兄长德高望重，小儿这道德文章的功课，还望多加照拂。”陈绚石忙谦虚应允。

陈兰泰听到这里，以手扶额，说道：“孟养，我算是看出来了。你这是‘请来的和尚会念经’啊，把则徐扔给我们，自己倒置身事外哈。”

林宾日一愣，随即笑道：“那就多多有劳二位，宾日先行谢过了。”

这边厅堂里三人的对话，林则徐自然是听不见的，他正忙着跟人谈判呢。

话说方才，林则徐因内急难忍，就在厅堂前的空地上“随地小便”了，结果被人发现，当场训斥。这训斥林则徐的人，是陈缃石家的一名长工。他听到林则徐的答话，有些哭笑不得，却也暗自佩服林则徐的随机应变。

林则徐心里自知理亏，嘴上却不服软。这时候，他跑到长工面前，一本正经地说道：“我刚才内有洪荒，才找了一块风水宝地，一泻千里……”

其实，长工已然知道这是陈缃石请来的书院主讲的儿子，本也不计较，只是听到林则徐小大人这般做派，便觉有趣。

林则徐正东拉西扯，蓦地，他灵光一闪，说道：“这样吧，说到底是我的不对。看这里空着块地方，不如就借着我的洪荒之流，种一棵小树吧。”

话音刚落，他身后便传来父亲的声音：“我看，这个主意可以。”林则徐吓了一跳，赶紧回头，却见父亲等三个大人就在身后。林则徐的脸唰的一下红了。他忙低头向三人行礼，不敢言语。

只听林宾日说道：“则徐，你说在这里种棵小树，我看可以。孟子有云：‘天将降大任于斯人也，必先苦其心志，劳其筋骨，饿其体肤，空乏其身，行拂乱其所为，所以动心忍性，曾益其所不能。人恒过，然后能改；困于心，衡于虑，而后作；征于色，发于声，而后喻。’现在，就让你‘劳其筋骨’，你才知道犯了错，要改。这也是对你将来能否成才的考验。”

陈绚石本想阻止，此时心念一动，也帮腔说道：“小贤侄说得不错，我这片空地正好缺棵树，就由你这个‘大人’代劳啦。”

林则徐吐了吐舌头，硬着头皮说：“君子一言，驷马难追。我明天就来种树。”

陈绚石摇了摇头说：“俗话说，今日事今日毕。我看也不要等明天了，就今天现在吧。”说完，他冲着长工招了招手，对长工说：“你到后院移一棵小铁树来。”长工应诺，转身到后院去了。

不一会儿，长工取来一棵小铁树。

林则徐见状，正色道：“男子汉大丈夫，说到做到，我现在就种树去。”说罢，便接过铁树去种。陈绚石跟长工使了个眼色，长工心领神会，帮着林则徐种树去了。

林宾日等三人，眼见林则徐种树的模样，相顾而笑。

林则徐语录

苟利国家生死以，岂因祸福避趋之。

7 拜见“泰山”

这一年的七月半，林则徐在文山村见到了地地道道的福州民间习俗，看游神，做半旦，长了见识。他还跟泰山府君互相拜会，被大人们知道了，啧啧称奇。

春去秋来，林则徐跟随林宾日在芒山书院读书的日子，转眼间已经过去半年。这半年里，林宾日作为主讲，在芒山书院忙碌着。林则徐则跟在舅舅陈兰泰的班上学习作文。也许是学习条件好了，林则徐这半年进步神速，小小年纪做起文章来，也是有模有样，“神童”的名声渐渐地传播开了。

这一天，正好是农历七月十五。每年的七月十五或者七月十四，是中国的传统节日“中元节”，福州民间称为“七月半”，文化核心是祭拜祖先。福州人过中元节，并不局限在七月十四或者十五这一天，而是整个农历七月的任一天都可进行祭祖。

林则徐很早就听说，芒山书院所在的南港文山村在此期间会举办“做半旦”的活动，很是热闹。“做半旦”其实是办流水宴，也就是一种有吃有喝、欢乐喜庆的民间聚餐传统。

在前一天，陈兰泰已先回城中祭祖，这天林则徐便没有功课。毕竟是小孩心性，他老早就央求父亲林宾日迟一些回家，想在文山村热闹热闹，吃喝一番再回去。林宾日自然是答应的，毕竟家里条件有限，祭祖仪式较为简单，也不急于一时，便答应林则徐下午回家。

上午，照例是各自祭祖，然后“游神”，中午开始“做半旦”。林宾日虽然答应林则徐迟些回家，却不想带他出门，陈绚石便让家里的长工领着林则徐出去了。

一出书院，没走多远就到村子里。林则徐看到许多人家院门大开，各自在厅堂里忙活，有的正在祭祖，有的在摆放各类蔬菜及纸钱，还有一些僧道模样的人，在做法事。一通念叨之后，僧道们将桌上的供品取了一部分，走到户外，寻了空旷偏僻之所，分散出去。

林则徐见了，很是奇怪，便问长工：“依伯，依伯，这些和尚道士，在做什么？为什么把吃的东西乱扔？”

长工向林则徐解释道：“这叫‘施食’。今天是七月半，传言是阴气最重的时候，有些孤魂野鬼会跑出来。大家便拿些瓜果蔬菜或烧些纸钱，布施给他们，以保安宁。”

林则徐一听，颇不以为然，说道：“《论语·述而》有云：‘子不语怪力乱神。’鬼魂之说，无稽之谈罢了。”

长工闻言，吓了一大跳，赶忙止住林则徐的话，说道：“林家小少爷啊，不要乱说话，罪过，罪过。”说罢，他左右四顾，生怕林则徐再说些什么话来，惹恼了所谓的“孤魂野鬼”。

好在，林则徐也没再说什么，他被眼前的热闹景象吸引住了。只见前面的空地上架起了一座平台，平台中间竖起一枝幡竹，高约数丈，四周围了好多人，手里捧着各类斋饭、瓜果、蔬菜等物，时不时放到幡竹之下。平台上一名道士端坐着，口中念念有词，两侧各有几名道士，或奏鼓乐，或点香火。不一会儿工夫，平台下观者如云，围得水泄不通。

林则徐好奇地问长工：“依伯，那个台子以前没见过啊，这又是在做什么？”

长工看了一眼，答道：“那个台子叫‘祭坛’，现在‘做月半’，也叫‘上台’，就是跟着道士祭拜祭拜，供奉些斋饭。”长工见林则徐听得认真，接着说道，“等法师做完法事，这些斋饭会留在这，给乞讨之人吃。”

闻言，林则徐不由点头，便不再说话。

两人在村里又走了一会儿，前面村口处先是传来噼里啪啦的鞭炮声，接着便是锣鼓喧天。人们纷纷走出家门，孩子们更是欢呼雀跃，挤在路边，一个劲儿往村口看。

长工忙拉了林则徐靠到路边，说道：“赶紧站边上，马上要游神啦。”

游神，是指在节日里或者诸神诞辰日，人们到神庙里将神像请进神轿里，然后抬出庙宇游境，接受民众的香火膜拜，寓意神明降落民间，巡视乡里，保佑合境平安。游神的沿途伴随有锣鼓、神偶、舞狮、舞龙、杂技及乐队演奏等艺阵表演。

前方，长长的队伍缓缓走来，林则徐伸长了脖子，凑着往前看。领头的是两列人在敲锣打鼓，还有人举着两张旗幡，上书小字，正好是一对联：“真伪权衡，震威秉公正；阴阳判断，睨眼察秋毫”。后面跟着一顶神轿，抬着一座神像，长须面善，身着帝衣，头带帝冕，手持玉板。

长工见了，扯了扯林则徐的袖子，说道：“林家少爷，林家少爷，这是‘泰山府君’来了，快拜、快拜！”这时，两侧围观的路人，有的纷纷跪拜在地，口中念念有词。林则徐见状，也赶忙揖起小手，对着“泰山府君”作揖行礼。

过了一会儿，林则徐抬眼看着这一路被抬着走得颤颤巍巍、时高时低的神像，很认真地对长工说道："依伯，这'泰山'也在向我拜哩！"

长工一听，又是吃了一惊，猛地想起林则徐"神童"的名声，暗自嘀咕："这个林家少爷口气不小，难道是星宿下凡？难怪都说他是'神童'。了不得，了不得。"

两人边走边看，不知不觉走到了村口。林则徐忽然又有了新发现，在一处大院子里，一群人正在忙活着：有的拿了裁剪好的竹子编成人的样子，躯干、四肢齐全，只是架子显得好大；有的正在给编好样子的骨架子套上衣服，豁然是一副人样；还有的在骨架前端拼上做好的头像，乍一看头像，恐怖如斯，怪模怪样。

林则徐倒是不怕，他好奇地问长工："依伯，这又是什么呀？"

长工也算知无不言、言无不尽，答道："这是正在做'塔骨'，要连着七个晚上'游塔骨'呢。"

原来，福州过中元节还有一种旧俗，如果当地当年有传染病盛行，会被认为有鬼怪在作祟，七月半这一天就要"游塔骨"。"塔骨"是以竹编制成人的形状（比人还大），披上某种神的衣服、戴上帽子，古里古怪，然后由人套在里面，扛着走。到了晚上，"塔骨"前呼后拥，巡游街坊，装作抓鬼怪的模样，要连着游行七个夜晚。最后一天夜里，大家还会做一帆纸船，把“捉到的作祟鬼怪”关入纸船中，跑步呐喊着把纸船放到江中，让其顺流漂去，称为“出海”，以此来祈求社会安康，出入平安。

听完长工的解释，他们才发觉“做半旦”也已经开始了。村子里，每家每户的院子里、厅堂上，随处可见铺着红布的桌上摆放着各色各样的食材；街上还可以看见许多小摊小贩在贩卖一些食材或爆竹等。他们所到之处，都有热情的村民过来招呼吃喝。

林则徐跟着长工不客气地吃完东家又吃西家，好多吃的东西他都不认识。

这是林则徐第一次见到、吃到这么丰盛的饭菜。他想起还在做课业的父亲，想起城中的母亲和姐姐们，还未吃饱，他就缠着长工回芒山书院。

在书院，长工把林则徐拜“泰山”的事一五一十地告诉了林宾日和陈绸石。陈绸石看着林宾日，捋须微笑道：“孟养，则徐小侄绝非池中之物啊！”

林宾日居然不加谦让，含笑道：“余所愿也。”

林则徐语录

天山万笏耸琼瑶，导我西行伴寂寥。
我与山灵相对笑，满天晴雪共难消。

8 急性判官

从芒山书院回来，林则徐玩心大起，性子急躁。林宾日便给他讲“急性判官”的故事，教育他。这天，林宾日还拒绝了一个想来走后门的人。

从芒山书院回来之前，林宾日便向陈絅石请了几天假。林则徐也有好几天没到书院上课，天天往外疯跑，玩儿去了。

这天，林宾日叫住正要跑出去玩的林则徐，要考一考他。首先，他让林则徐背诵《子路、曾皙、冉有、公西华侍坐》。

这是一篇选自《论语·先进》的文章，记录的是孔子和子路、曾皙、冉有、公西华这四个弟子“言志”的一段话，生动再现了孔子和学生一起畅谈理想的情形。子路的轻率急躁，冉有的谦虚恭让，公西华的委婉曲致，曾皙的高雅宁静，都给林则徐留下极其深刻的印象。因此，他倒是一字不漏地背下了。

林则徐背完，父亲问道：“这四个人的回答中，你最喜欢谁的？把他的回答默写下来。”林则徐依言，取了笔墨，在纸上“刷刷刷”地写着，不一会儿便默写下曾皙的回答：“莫春者，春服既成，冠者五六人，童子六七人，浴乎沂，风乎舞雩，咏而归。”写罢，交给父亲。

林宾日检查儿子的默写，一看之下，摇了摇头，原来林则徐因为急着出去玩，默写的句子固然没错，可字迹潦草，实在不敢恭维。他看了看儿子，又问道：“你来解释一下‘春服既成’。”

林则徐一愣，不假思索地说道：“‘春服既成’是说春天的衣服已经做好了。”

“胡闹！嘴巴比脑子快，想都不想一下，就乱说。”林宾日大怒，厉声说，“此处的‘服’字，不作‘衣服’解。服，有很多字义，衣裳、担任、顺从、习惯、服吃、乘用等，这里的‘服’字，应该作为‘服田’解，也就是从事耕作种田的意思。”

林则徐第一次见父亲如此生气，呆立一旁，大气不敢出。只听父亲继续说道：“这一句的意思是：

‘暮春时节，天气和暖，春耕完毕了，我就和五六个成年人、六七个少年，到沂水里去游泳，在舞雩台上吹风，唱着歌回家。’”

林宾日解释完这一句，看着林则徐潦草的字迹，又是一顿怒火，继续训斥道：“再看看你写的这几个字，歪七扭八，跟螃蟹爬一样，若在应试时，这可是欺君之罪！”

林则徐一听，吓得哭了起来。他这一哭，林宾日倒是心软了。

父亲轻叹口气，拉过儿子的手轻声问道：“来，我且问你，为什么喜欢曾皙的回答？”儿子猛一吸气，抽了下鼻涕，回答道：“曾皙去游泳，去跳舞。我也想出去玩。”

林宾日闻言，愣了半晌，有点儿哭笑不得，原因是如此简单——毕竟只是七岁的孩童。

他莫名有些心疼，难道是因为自己屡试不中，把希望都寄托在孩子身上，结果把孩子逼得太急了？七岁的孩童，实实在在是玩耍的年纪啊。

林宾日拉着林则徐坐下来，和颜悦色地说：“则徐，你答应我两件事情，今天就让你玩个痛快，我们明日就得好好念书咯。”

林则徐忙不迭地点头，说道：“好，我听依爹的话。”

林宾日理了理心绪，说道：“俗话说，字如其人。这第一件事情，就是一定要写好字，切记，切记。”林则徐一边听着，一边点头应诺。

“这第二件事情嘛，你先听我讲个故事吧。”林宾日捋须一笑，故意卖了个关子。林则徐一听，很是好奇，忙问道：“什么故事？”

林宾日说道：“这是一个‘急性判官’的故事。话说，从前有一个判官，非常孝敬父母。他只要遇到不孝顺的犯人，就严惩不贷，还判得特别重。有一天，衙门外吵吵闹闹的，但见两个大汉拉来一个年轻人，要求判官严惩。他们控告说：‘这个年轻人是个不孝之子，我们亲眼看到他打骂亲娘。我们气愤不过，就把他捆绑了起来。凶顽的家伙，还是不停地骂，我们就把他的嘴堵住了。像他这样忤逆不孝的后生，实在可恨。’判官一听，立刻火冒三丈，大喊：‘来人呀，打这个逆子五十大板。’那个年轻人想开口申辩，可是嘴被堵着，没法说话。最后，他挨了五十板子，屁股被打得血肉模糊。

“谁知，过了一会儿，有个老婆婆拄着拐杖急匆匆地走进来，边哭边说：‘大人，救救我们！刚才有两个盗贼溜进我家后院，想偷走我家的！耕牛。我儿子斗不过盗贼，两个盗贼反把我儿子捆走，不知弄到何处去了。求大人帮忙，赶紧替我找找儿子。我就这么一个孝顺儿子啊……’这个判官心里暗想：‘莫非刚才那两人恶人先告状，我错打了她的儿子？’他连忙叫人把那两个大汉找来。可是，他们早已经溜走了。

"突然，被打昏的年轻人呻吟了一声。老婆婆定睛一看，这个人正是自己的儿子啊！她惊叫了一声，昏倒在地。"

林宾日讲到这里，停了下来，看着林则徐。林则徐瞪着大眼睛问道："后来呢？"林宾日答道："故事就到这里，'后来'就需要你来回答了。"

聪明的林则徐马上知道父亲讲述这个故事的深意，便说："依爹，我明白了。我以后一定不急不躁。"

林宾日点了点头，继续问道："还有呢？"

林则徐想了想，说道："还有，不乱生气，当官的时候，要让别人好好说话，能听得进别人的话。"

"对，"林宾日再次点头，说道，"说得好。说明你听进去了，我也相信，你今后一定能做到不急不躁、不骄不怒。我再多说一句，这个故事里面，判官还应该秉公执法，不能因为犯人不孝而加重处罚。"

父子俩正在说着话，门口有人叫门道："林先生可在家？"

林宾日闻言，赶忙起身，到门口来迎。只见门口进来一名中年男子，锦衣绸缎，大大咧咧。林宾日皱了皱眉头，拱手答道："不才林宾日。"

来人一听，满脸堆笑，说道："林先生，我是前村的林怀金，仔细说来，咱们是同宗。"说着，便把手挽了过来，一副亲近的样子。

林宾日听了这人的名字，多少有些明了。他是远近有名的土财主，人品不怎么样，家财倒是不少。他再次拱手行礼，说道："不敢高攀。请问，找我何事？"

林怀金欲言又止，左右瞅了几眼，低声说："不瞒林先生，小弟家里有些底子，诸事不愁。就是，小儿今年年方十二，想求取功名。咱们这十里八乡的，都知道林先生的名声。我这逆子才浅，想请林先生作保，让他到您门下做一名文童。我这，有一份重谢！"他故意把"重谢"二字，咬得很重，就跟一个字一个字蹦出来一样。

说话的当口，林怀金伸手探如怀中，取了一件物什出来，豁然是一大锭银子，足有十两重的样子。

林宾日一见林怀金这副模样，厌恶之色早已表露。他一摆手，将林怀金拿着银子的手推回，厉声说道："我林宾日最痛恨蝇营狗苟之事，贵公子如果想求学上进，当努力读书，才是正途。此事，莫要再提。我与犬子还有要事相商，恕不远送。"

林怀金没讨到什么好，鼻子气一出，冷哼一声，嘴里说道："跟一个乳臭未干的小孩，还有什么要事相商！"说罢，他转身夺门而去。

林则徐语录

关山万里残宵梦，犹听江东战鼓声。

9《朱子家训》

林则徐见家里的姐姐们不认识字，便做小老师，教姐姐们认起字来。林宾日被儿子的行为所感染，就开始教林则徐和他的姐姐们读《朱子家训》。

自从林宾日在芒山书院主讲之后，林家的情况有些好转，陈帙跟众女儿们趁着中元节的时间，可以稍微休息些时日。

一日，林则徐早早就完成了功课，检查一番便准备出门玩耍。这时，他忽然听到窗外传来姐姐们的笑声，时不时还夹杂着几句福州土话，细细听来，好像是："小孩打架丢下浦[1]，看见鲤鱼在娶嫂，虾精鳖怪吹嘀嗒……"他忙跑出门去。

大姐和二姐坐在一旁，手上做着像生花，其他姐妹都在院子里嬉闹，嘴里还念着好听的福州童谣。林则徐听着甚是有趣，便嚷嚷着说："姐姐，姐姐，教我念，教我念。"

五姐看了他一眼，问道："依弟，你叫哪个姐姐呢？"

林则徐呵呵一笑，答道："谁应我，我就叫谁。"

五姐轻啐一口，说道："你个鬼灵精。"刚说完，她心念一动，又道，"依弟，我教你可以，那你也要教教我。"

林则徐好奇地问道："你要我教什么？"

五姐接着说："我教你念歌，你教我认字写字。"

原来是这么回事，林则徐不假思索地答应了。于是，五姐就一句一句地教他童谣，说道："小孩打架丢下浦，看见鲤鱼在娶嫂，虾精鳖怪吹嘀嗒，乌龟拿槌敲金鼓，蛤蟆先走扛高照[2]，青蛙抬轿嘴突突。"

五姐念一句，林则徐跟一句。可惜他官话说多了，福州土话反而不地道了。旁边的姐妹们听他念得怪腔怪调，一齐哄笑起来。

---

① 浦，福州话，河的意思。

② 高照，指灯笼。

林则徐并不理会，学了几遍，总算把这首童谣记下来了。

五姐教完，反过来问林则徐："好了，童谣你已学会，快来教我认字写字吧。"

林则徐看了看院子里的姐姐们，朗声道："大姐、二姐、三姐、四姐、五姐，我今天来当小先生，教你们认字写字，你们都来当我的学生好不好？"

大姐和二姐闻言，都放下手上的活计，兴奋地说："好呀。"其他姐妹也齐声说好。

林则徐一听，高兴极了，这下可以当老师了。他赶紧搬来以前学写字的沙盘和树枝，放到院子中间，招呼五个姐姐在跟前席地而坐。

等到姐姐们都坐定了，林则徐学着老师的样子，在沙盘前面踱着四方步，一只手背在身后，一只手做捋须状，说道："为师想想，今天教你们认什么字呢？这样吧，今天就先教你们认五个字。"

说到这里，他看姐姐们光听没反应，就自说自话道："你们可别嫌少，我一天教你们认五个字，写五个字。那教一百天可就是五百个字，一年三百六十五天就是一千八百二十五个字，两年就是……"

林则徐还在这边念叨，五姐不耐烦地说："依弟，别光唠叨，你倒是教啊！"林则徐脸一红，忙说："好好，现在就开始教。"

说着，他拿起树枝，在沙盘上画了一横，接着说："这是个'一'字，最好认也最好写，就像扁担

一样倒下来就是‘一’。你们应该都认得，我就不多说了。第二个字，是‘人’字。”他一边说，一边在“一”字旁边写了个“人”字，继续说道：“一撇一捺，就是个‘人’字，只有我们人才迈着两条腿在走路，意思是让大家脚踏实地，才能立得住，行得端，否则就不是人了……”

林则徐话还没完，大姐轻笑一声，忍不住问道：“依弟，鸭子也是两条腿走路呀，它难道是人？”众姐妹大笑，五姐还补充说道：“还有公鸡、母鸡、鹅，都是两条腿走路。”

林则徐的脸上又是一臊，佯装生气道：“为师在上课，不许乱插话。”说完，他清清嗓子，掩盖窘态，然后在“人”字旁边写了一个“大”字，说道：“第三个字，‘大’字，是在‘人’字的脖子这加一个‘一’字，好像人挑了一根扁担。我们小孩子力气小，挑不起扁担，到了能挑起扁担的时候，就是个‘大人’，好比我们的依爹依娘。所以，这是个‘大’字。对了，听说有些地方，管依爹叫‘大大’，就是这么个道理。”

众姐妹听着新鲜，都听得认真。

林则徐的这些话是当年他在父亲膝盖上学到的，现在依样画葫芦，心里很是得意。他在“大”字旁边写了“天”字，接着说道：“这第四个字，是‘天’字，‘大’字的头上加了‘一’字，就是‘大’顶了‘一’，好像我们的依爹依娘顶了根扁担，为我们遮风挡雨。这是‘天’意，所以我们要感谢我们的依爹依娘，要对依爹依娘尽孝，记住了吗？”

“记住了。”众姐妹异口同声答道。

林则徐一听，满足感油然而生，赶紧趁热打铁，在“天”字旁边写了个“夫”字，煞有介事地说道：“第五个字，是‘夫’字，‘男子汉大丈夫’的‘夫’。这是‘天’字出了头，也是‘大’字加个‘一’字。你们来告诉我，刚才说的‘大’字是什么呀？”

大姐听得认真，抢先答道：“‘大’字是‘大人’。”

林则徐装模作样地点了点头，说：“回答得很好。‘大’字是‘大人’，大人把扁担扛在肩上，就是把责任扛在肩上，好比我们依爹，这才是‘大丈夫’。你们说是不是呢？”

众姐妹默默地点点头，都不说话，若有所思。

林则徐教完收工，正暗自得意呢，忽然听到门口传来的声音说道：“说得好，教得好啊！”他定睛一看，正是父亲林宾日站在门口，忙喊了声“依爹”。众姐妹也起了身，喊“依爹”。

林宾日看着院子里的一众女儿，深叹口气，带着愧疚说道：“依爹有愧啊，未曾教过你们认字写字。”说完，他很是认真地看着女儿们，又看了一眼旁边的儿子，拿定了主意，说道：“你们各自坐好，在这里等我。”说完，他快走几步，进了里屋。

大姐看着二姐，二姐看着三姐……大家又看着林则徐，谁也不知道父亲要做什么，便听父亲的话，一个个在刚才的位置上席地坐下。

不一会儿，林宾日走了出来，手上拿了本书，对儿女们说道："从今往后，依爹找点儿时间教你们念书识字。"说着，他把书的封面展示给大家，继续说道："刚才依弟教大家识字，现在我教大家念书。今天，我们先念这本书，书名叫《治家格言》（即《朱子家训》）。念好它，知行合一，就能修身、齐家，就知道该如何为人处世，以后如何治理家庭、教育子女，就能过好日子。现在，你们跟着我念。"

林宾日说到此处，翻开书本，清清嗓子，开始朗读一番："黎明即起，洒扫庭除，要内外整洁，既昏便息，关锁门户，必亲自检点。一粥一饭，当思来处不易；半丝半缕，恒念物力维艰……"

此时，林家院子传来整齐划一的读书声。之后，林宾日便开始逐句讲解《治家格言》的内容。他没讲几句，众姐妹们便显得意兴阑珊，要不是碍于老父的威严，早就一个个哈欠连天了。

她们各自偷看着彼此，都在心里偷偷地想："还是依弟教的字有意思。"

林则徐语录

子孙若如我，留钱做什么，贤而多财，则损其志；

子孙不如我，留钱做什么，愚而多财，益增其过。

10 看龙舟去

林则徐在巷子里看到一个孩童捡到一枚铜钱却不归还失主。林宾日也拒绝了这孩童父亲的任课邀请。林则徐缠着要去看龙舟竞渡，林宾日便出对联的考题考验他，林则徐对答精妙。

“桃儿红，杏儿黄。粽子香，包五粮。剥个粽子裹上糖，幸福生活万年长。”转眼间，乾隆五十八年（1793）的端午节到了。林则徐九岁了，然而，可能是自小营养不良的缘故，他的个子比起同龄人来说显得矮了些。

福州的端午节从五月初一开始就可以算，一直到五月初五，所以也叫“五日节”。“端午鼓咚咚，肚𬮣替春装；江中龙舟竞，香袋挂衣襟；家家忙裹粽，户户喜悬蒲；祛毒雄黄酒，辟邪五色符；黄烟才放过，又贴午时书。”这首流传在福州的民间歌谣中包含了福州人过端午节做的十件事：采莲、穿肚𬮣、佩香袋、悬蒲艾、饮雄黄酒、驱五毒（挂钟馗）、放黄烟、写“午时书”、裹粽、龙舟竞渡。

林则徐对“龙舟竞渡”最感兴趣。初五这天的午后，他火急火燎地从巷子口往家跑，想找父亲带他去看龙舟——母亲带着姐姐们去大户人家帮忙做活计了，家里就只有父亲在。

他快到家门口的时候，却见院子外站着一个跟他年纪相仿的孩童，在那百无聊赖地踢着地上的石子。谁知一不小心，他踢起的石子打到迎面走来的一位老伯。那老伯手里还提着一吊钱，一石子过来正好打在脸上。他“哎呀”一声，抬手捂脸，手里的一吊钱丁零当啷掉在地上，串钱的细绳也断了，那一吊钱四散开来，洒落一地。

林则徐赶紧跑过去，帮老伯捡铜钱。那孩童愣了好半天，才慢悠悠地过来帮着捡钱。一会儿工夫，他们帮忙捡好了钱，交给老伯。老伯重新串好钱，向他俩再三道谢后便走远了。

林则徐刚要走回家，却发现那孩童在一个地方站着不动，正觉得奇怪，又听到他“哎哟哟”地叫着，双手捂着肚子蹲了下来。林则徐再一细看，分明是那孩童脚下踩着一枚铜钱，正偷偷地捡起来，塞进自己口袋呢。

“别动！”林则徐着急地冲着孩童喊道，“这枚铜钱不是你的，赶紧还给老伯去。”

孩童不乐意了，一脸抵赖，说道：“你胡说，这分明是我自己的钱，刚才不小心滑出来的。”

林则徐未曾料到这孩童竟能如此睁眼说瞎话，一下子愣住了。他正要开口说话，只见家里走出一中年男子，孩童见了赶忙跑过去，说道：“依爹，依爹，我们转厝去。”中年男子“哼”了一声，拉了孩童一把，转头看了一眼林家，一甩衣袖，扬长而去。

林宾日站在家门口，只听他冷声道：“慢走，不送。”林则徐不由得纳闷，向父亲问道：“依爹，刚才那人是谁？”

林宾日看着那对父子的背影，冷笑一声说：“鸡鸣狗盗之辈。”

原来，这是附近的一名乡绅，那孩童是他的宝贝儿子。他们今天慕名来找林宾日，是想以重金聘请林宾日单独给他孩子授课。林宾日知道此人素来品行不良，在乡里口碑极差，便一口回绝了。

回到家中，林则徐便将刚才那孩童脚踩一枚铜钱却矢口抵赖的事，一五一十地说给林宾日听。林宾日不禁感叹道：“观其父，知其子。刚才我们大人在院内谈话的时候，那小孩就没个样子，一无礼数，二不尊长，还到处乱跑。现在看来，他做出捡钱、藏钱的举动，也不足为奇。”

刚说完，林宾日转念问道：“则徐，你不是做完功课出去玩了吗？怎么这么快就跑回来了？”林则徐这才想起来自己回来的目的，说道：“依爹，依爹，带我去看龙舟，好不好？”

林宾日淡淡一笑，说道：“好是好，不过，我们来对对子。我出上联，你对下联。你若能对上来，我便带你去看龙舟。”

林则徐一听，立马答应。

林宾日看看四周，寻找灵感，目光落在院子旁边的鸟笼上，思考片刻便出了上联：“鸟笼撒谷谷饲鸟。”

林则徐循着父亲的目光，走到院子里，看到一钵湿润的茉莉花，就问父亲：“依爹，您今天浇花了吗？”

林宾日一怔，说道：“你不对句，问这个做什么呢？”

林则徐咧嘴一笑，说道：“依爹，您看我以花钵对句好不好？”

林宾日回道：“哦，此话怎讲？”

林则徐指着那钵花，对出下联：“花钵装泥泥种花。”

“对得好！”林宾日赞道。他在院子里走了几步，正好走到门口，看到对门的老妇和她儿媳妇正在窗口对镜梳头。

林宾日又出了一上联：“婆媳中青双有髻。”

听完父亲出的上联，林则徐也学着父亲的样子，踱着步子思考着，寻找灵感。门外，一位老伯正抱着幼孙走过，想必是要去看龙舟。林则徐灵光一闪，吟出下联："公孙老幼两无牙。"

林宾日一听，满意地点了点头，说："对得工整，而且应景。"

林则徐按捺不住地问道："依爹，都对了两对了，您赶紧带我去吧。"

林宾日哈哈一笑，说道："不急，不急，事不过三。你再应一对，若对得好，立刻带你去。"林则徐无奈，只好看着父亲，等他出题。

林宾日左右四顾，也没想出什么应景的上联来。他心想，得给林则徐出一道稍微有点儿难度的，免得他一下子骄傲了。于是，林宾日想起春节前，他曾起过一句上联，至今不得时宜，还未曾应过下联，便含笑出题："想当初除夕月不同，点数盏灯，代乾坤壮色。"

林则徐一听，有些傻眼了，这一句上联跟眼下的时景皆无关，又有明显断句，一时之间也无法对上。他思来想去，皆不得法，急得跳脚。

这时，远处传来"咚咚咚"的三通鼓声，接着便是欢呼声，敢情是龙舟比赛快开始了。林则徐一听这鼓声，突然眼睛一亮。林宾日看儿子的模样，有些好笑，以为他着急要出去看龙舟，正思量怎么找个由头，带他出门。

却听林则徐拍掌欢呼，大喜道："依爹，我想到一个下联了。"林宾日闻言，有些不敢相信，赶紧催问："说来听听。"

林则徐清清嗓子，朗声道："看今朝新春雷未响，擂三通鼓，为天地扬威。"他刚说完，林宾日便脱口赞道："对得妙啊。'点数盏灯'对'擂三通鼓'，'代乾坤壮色'对'为天地扬威'，不仅对仗工整，气势也不分伯仲。"

得到父亲的夸奖，林则徐倒有些不好意思了，轻声说道："就是不应时景，现在都已经端午了……"

林宾日捋须说道："无妨，无妨。走，我们现在就看龙舟去。"

林则徐语录

状开元景三阳态，探得花香一树春。

11 端午应对

在护城河边，龙舟竞渡还未开始，林宾日父子偶遇闽中大儒郑光策。郑光策见林则徐聪明伶俐，便出对子考验林则徐。林则徐一一对答，郑光策赞其为“神童”。

福州城内有条护城河，端午时节最为热闹。

林家离护城河不远，林宾日带着林则徐到那儿时，龙舟竞渡还未开始。河里停着很多参赛的龙舟，龙舟的前端画着不同的图案，有的是龙头，有的是白蛇，有的是青蛙，有的是鱼虾，都是会水的动物。舟首还插着不同的旗子，上面是龙舟的队名。这时，有几条龙舟正在暖场。

虽然龙舟竞渡还未开始，但是人们已把河两岸看热闹的好位置给挤得水泄不通。林则徐个子小，使劲儿垫脚都看不到河上面的动静。林宾日见状，便把林则徐抱起来，举过头顶，让他骑在自己的脖子上。如此一般，林则徐总算是看到龙舟了。

趁着龙舟竞渡还没开始，林宾日便问儿子："你可知道，端午节赛龙舟的由来？"

林则徐回答："我知道，是为了纪念屈原。"

林宾日微微一笑，又说道："但是你知道吗，我们福州的赛龙舟，又叫龙舟竞渡，与其他地方纪念屈原不一样，而是与'钓白龙'的传说有关。"

一听到有新故事听了，林则徐立刻安生下来，迫不及待地说："依爹，快讲讲。"

林宾日接着说道："传说西汉武帝的时候，东越王余善不满朝廷统治，想要反叛。为了鼓舞士气，他想了个办法，派人在福州城南的江边筑起高台，举行一场'钓白龙'的比赛。

"所谓'钓白龙'，就是将一块木头雕成龙的样子，涂上白色，然后放到闽江的一头。在端午这天，余善组织闽越族的各部落派人驾驶小船，从闽江另一头出发，看哪一条小船能夺得白龙。胜利的部落会得到一笔很大的奖赏。

"后来，余善的反叛失败了，但是在端午节这天举行'钓白龙'比赛的习俗却保留下来，慢慢地就成了今天这样的龙舟竞渡了。现在的赛龙舟，从五

月初一就开始了，只不过到了今天下午才会举行竞渡。如今也不是用木头雕成白龙放到水面上，而是变成了‘夺鸭标’。”

林则徐一听，好奇地问：“依爹，什么是‘夺鸭标’？”

林宾日也不卖关子，指着前方河面，说道：“你看，那里。”

林则徐顺着父亲的指引看过去，只见河的另一边停着一艘小船，船上隐隐约约能看见许多鸭子。林则徐心想，这就是所谓的“鸭标”？拿鸭子做标？

果然，林宾日继续解释道：“现在就是将鸭子作为锦标，龙舟一到终点，标船上的人就把鸭子扔到江面上。届时，游泳高手就会从龙舟上跳下，在江中争夺鸭子。最后，看哪个龙舟队伍夺得的鸭子最多，哪队就是冠军。”

林则徐听了恍然大悟。看到那么多鸭子欢快地扑腾，他不禁拍手喝彩。

这时，旁边有人轻笑一声，说道：“小伲囝①，以父作马。”

林则徐耳朵尖，况且那人又是在身侧，一下子就听到了这句话。一转头，见一读书人打扮的中年男子，头戴顶帽，身穿长袍，长须及胸，正瞧着这边。

---

① 小伲囝，福州话，小孩子的意思。

林宾日也听得真真切切，顿觉有些尴尬，正要说话，却听到骑在脖子上的林则徐装作大人的样子，叹了口气，说道："老父亲，望子成龙。"

中年男子闻言，面露讶异的神色，不由赞道："看不出来，小后生思维敏捷，颇有急智。如何称呼？可曾上学？"

林宾日忙转过身，拱手行礼，说道："这位先生见谅，小儿鲁莽了。不才林宾日，这是小儿林则徐。他四岁开蒙，现已上了几年学。敢问先生贵姓？"

中年男子听了，一副"原来如此"的样子，说道："林宾日？林孟养？罗氏试馆的林主讲？"

林宾日一听，忙摆手道："不敢不敢，不才正是林宾日。不知先生如何称呼？"

中年男子拱手行礼，说道："在下郑光策。"

林宾日闻言大惊，这可是闽中大儒啊。

郑光策①是福建的名士，此时的他在福清主讲，借着端午时节返乡，恰巧在看龙舟竞渡的时候偶遇林宾日。

林宾日赶紧行礼，说道："久仰郑先生大名，如雷贯耳。"林则徐多少听父亲谈起过福州城内的几位大儒。骑在父亲的肩膀上的他也一本正经地拱手拜道："小子林则徐拜见郑老师。"林宾日这才想起肩

---

①郑光策，初名天策，字宪光、琼河，闽县（今福州市区）人，著有《西霞丛稿》十余册。

膀上的林则徐，忙把儿子放下。

郑光策见林则徐机灵懂事，很是喜欢，便想再考考他，说道："小伲囝，龙舟竞渡现在还未开始，老夫出上联，你来对下联，以助雅兴，如何？"

林则徐人小胆大，也不怯场，应声说道："请郑先生赐教。"

郑光策心想，对方毕竟只是个孩童，就出些简单有趣的对子吧。他左右四顾，把目光落在河面的那些鸭子上，捋须沉思，口出一联："母鸭无鞋空洗脚。"

林宾日父子听后一怔，未料到大名鼎鼎的郑光策居然出这样的上联，虽然言语有些粗浅，但仔细一想，却不好应对。小鸭子是动物，怎么会穿鞋呢？它们天天在池塘里游来游去的，不是天天都是在洗脚吗？

林则徐摇头晃脑地四处张望，想寻出应景的下联，嘴里嘀咕道："母鸭，母鸭，母鸭对公鸡……"

突然，林则徐灵光一闪，心中有数了，呵呵一笑，喜道，"郑先生，我的下联是'公鸡有髻不梳头'。"

公鸡整天顶着个大红冠子，好像挽了个发髻在头上，却从来不梳头。这不就是"公鸡有髻不梳头"吗？

郑光策一听，不由自主地摸了摸头上的帽子，哈哈一笑，捋须说道："好，好，对得有趣，对得巧妙。”

林宾日细品一下，虽然觉得也算是对得工整，却总有些玩笑的味道，浅笑一声，说道：“小儿无状，让郑先生见笑了。”

郑光策忙道：“此联对仗工整，令郎机智活泼，才思敏捷，可谓‘神童’啊。”

他们身旁早围过来一群等待龙舟竞渡的民众，有人认出了郑光策，有人认出了林宾日，大家便都跑来听对子，看热闹。林则徐得到郑光策“神童”的赞誉，说者无心，听者有意，不少人都记下来。

郑光策说着话，又转过身对着林则徐说道：“老夫现在颇为心痒，想再出一题，你可愿意对？”

林则徐忙不迭地点头，说道：“好啊，好啊。请郑先生赐教。”

这一次，郑光策倒是有备而来，含笑说道：“目同鼓隆豹①。”

林宾日父子和围观的众人一听，全愣住了——怎么用福州话出上联？

林则徐挠了挠头，正好不远处一个农夫的头发乱蓬蓬的，脱口而出道：“头发蓬弄狮②。”

众人闻言，一齐大笑起来。郑光策更是欣喜，

① 目同鼓隆豹，福州话，大意为双目圆睁，气鼓鼓的样子。

② 头发蓬弄狮，福州话，大意为头发乱蓬蓬的。

不由抚了抚林则徐的脑门，说道："乖伲囝，孺子可教，孺子可教。"

林则徐语录

不为丝绳留正直，此身谁致万峰头？

12 元宵观灯

乾隆五十九年（1794）的元宵节，林则徐同家人去看灯会，并为一家杂货店的对联改了下联。在元宵灯会上，同宗的世伯林雨化借着花灯游行，讽刺当时黑暗的福建官场。最后，灯会在混乱中收场。

自从端午观龙舟之后，林则徐“神童”的美誉便传了开去。林宾日很欣慰，林则徐也很欣喜，一个教得起劲，另一个也学得用心。果然，小孩子都是需要鼓励的。更令林宾日高兴的是，妻子又有了身孕。因此，他又回到罗氏试馆担任主讲，并在文山书院担任客座，两边兼顾着，也能多赚点钱贴补家用。

林家的日子忙碌而充实，不知不觉中，到了乾隆五十九年（1794）的元宵佳节。

元宵之夜，皓月高悬，彩灯万盏。人们吃完汤圆赏月，然后猜灯谜、燃灯、放焰火。街上有许多人在猜灯谜，一路上还有耍龙灯、舞狮子、踩高跷、划旱船、扭秧歌、打太平鼓等表演，其乐融融，热闹非凡。其中，最热闹的便是“花灯赛会”。据说福州早在汉代就有元宵灯会，当时为一天；到唐代变为三天；宋代时，已经变为七天；到了明清时期，更延长到十天。明代时曾有人说：“天下上元灯烛之盛，无逾闽中者。”

林宾日早早答应儿女们，晚上全家都去看花灯赛会。傍晚一到，一家人便出门了。

来得有点早了。林则徐正东张西望着，一阵锣鼓鞭炮声吸引了他，原来是东街路口一家杂货铺子开业。因为店铺位置极佳，又选在这个时候大做促销，围了不少看热闹和贺喜的人。孩子们也在店铺周围嬉笑玩闹，好不喜庆。

左右都是等，一家人也凑上去看热闹。只见杂货铺门口站着一个司仪，正朗声念着：“鞭炮一响把张开，增福财神两边排；招财童子中间坐，增福增寿又增财。刘海本是海中仙，一撒金来二撒银，三撒骡马成了群，四撒摇钱树，五撒聚宝盆。五子登科，六六大顺……”

杂货铺老板乐呵呵地跟大家拱手行礼，等到司仪念完，他便说道："小店今日开张，借着元宵佳节的喜气，沾点花灯赛会的光。今天起，凡花会期间，八折优惠，欢迎选购！多谢，多谢！"

老板说罢，喜气洋洋地把门口两侧的红条幅揭下，露出一副对联，上联是"小店要做大生意卖东西南北货"，下联是"老板甘为小伙计迎四面八方客"。

林则徐念完这副对联，"扑哧"一声笑了出来，说道："此对联有不妥。"他正站在老板的边上，小孩子的声音又清脆，被老板听得真真切切。

老板转头一看，是个小孩儿，便问道："小伲囝，你也懂对联吗？说说哪里不妥？说对了，我自有礼物相送。"

林宾日夫妇一见这场景，相视一笑，都不作声。几个姐姐们也轻轻地笑着，看着林则徐。只见林则徐向前一步，指着下联，学着书生的做派，有模有样地说道："此联有两处不妥。一者，对联应为先仄后平，这下联压的韵脚不对，'客'的韵脚为仄音，此为硬伤。二者，上联的'东西南北'对下联的'四面八方'，虽然没有错，但是还可以再工整些。"

老板一听，低声嘀咕："不会吧，这副对联可是请后村的贾秀才写的，难道还会有错？"话音刚落，旁边有人说道："有志不在年高，有才不论大小。这秀才若不是徒有虚名，就是蒙你不懂。"

林宾日听着声音有些耳熟，定睛一看，原来是林雨化在一旁帮腔。他夫妇二人连忙拱手行礼，林雨化回了一礼，微笑着凑了过来。

林则徐好像在思考什么，兀自愣神。

那老板点点头，对林则徐说："小伲囝，你看此联怎么改？"

想来林则徐已经有了主意，只听他说道："将下联改为'老板甘为小伙计开前后左右门'便工整些了。"

老板听了，默默念了几遍，大喜道："果然不错，改得好。"

围观的人群也被林则徐的口才吸引了，有认出他的人，跟旁边的人说道："这不是罗氏试馆林先生家的公子嘛！对了，你看，那后面的便是林先生了。想必是一家人都来看花灯吧。"

那老板拉着林则徐的手，说道："真是聪明的小秀才！我明天便找人重写，再挂上去。你说吧，想要什么礼物？"

林则徐有些不好意思，说道："不用啦，无功不受禄。"

林宾日刚想上前推辞，林雨化却说道："怎么无功呢？这是有功啊。俗话说'一字千金'，这都几个字啦？知识即财富。这就是'书中自有黄金屋'啊。"

老板闻言，应声道："有理，有理。这样吧，我就送你一套文房四宝，祝你学业有成，金榜题名！"

林则徐这会才发现是林雨化在说话，叫了一声“依伯”，赶紧过来行礼。那边，杂货店老板早已转身去取来一套包装好的文房四宝，准备送给林则徐。在林雨化的示意下，林则徐只好收下了礼物，并向老板道谢。

林则徐手里拿着文房四宝，第一次感受到知识带来的回报。

他正发愣，忽听到前面路口有人喊道：“来啦，来啦，花灯开始啦，踩街的队伍来啦！”说话间，人群都欢快地涌到路口去迎花灯了。

却见林雨化轻笑几声，说道：“孟养贤弟，你待看我去引几盏花灯过来。”

林宾日有些惊讶，不知林雨化怎么会凑这个热闹，便说道：“希五世兄，我去帮你引花灯吧。”

林雨化连忙制止他，并说道：“别忙，还是照顾弟妹要紧，就不劳贤弟了。”说罢，他转身离去，瞬间便看不见人影了。

林宾日与妻子面面相觑，一头雾水。

路口处，锣鼓声声，鞭炮齐鸣，彩牌灯为导引，十番伬[①]领队。伬队艺人盛装出行，摆弄笙箫锣鼓，边走边演奏。十番伬队过后，纸扎巨象花灯缓缓而来。象背驮着一只花瓶，正反两面分别写着“太平景象”和“万象回春”。

---

① 十番伬，即十番，流行于福州民间的音乐。

象灯过后，便是舞龙灯、打狮马、踩高跷和陆地行舟。只见舞龙的队伍里，前引夜明珠，后跟巨龙翻滚，还不时喷出火来，引得观者齐声喝彩。踩高跷的队伍中，有各种各样的打扮，或妩媚多姿，或玉树临风，煞是夺人眼球。

紧接着的是一辆大花车，上面端坐着一尊弥勒佛，佛身上到处都是小孩子，有的爬在背上，有的站在腿上，甚至还有的准备钻到肚脐眼去……满目之下，有百子之多。林宾日跟儿女们解释道："这花车叫百子戏佛。"

花车后面的便是各式的花灯队伍，或高或低，或大或小，有不少年轻女子在花灯下钻来钻去。旁边的小孩子见了，争闹着也要跑过去钻花灯，结果被大人们拉住，训斥道："你钻什么钻，难不成也要生团团吗?"听到的人无不大笑。

大家正看得热闹，忽然在花车队伍中出现一辆怪车，引车的居然就是林雨化。花车一出来，便引得围观的人群窃窃私语，议论纷纷，不一会儿竟然骚动了起来。

再细看那花车，上面有四盏花灯，头一盏花灯画着五个怪人，各个歪嘴斜眼、拉耳塌鼻，只从衣着上能看出，装扮成城隍、土地、灶王、济公、山神的模样。更奇的是，五个怪人头上都戴着歪七扭八的道冠。花灯上还挂着一幅字，上面写着"五道官不正"。

第二盏花灯则画着刘海戏金蟾。可是这刘海手引金钱，戏的却不是三足金蟾，而是两头狮子，并且同时咬住了金钱。花灯上同样有一幅字——“双司争要钱”。

第三盏花灯更是奇怪，居然没有点灯，黑漆漆的，只能从周围的光线中隐约看到上面画着两座戏台，台上有几个小人在黑暗中唱戏。花灯上写着“两台黑暗暗”。

最后一盏花灯跟第三盏形成鲜明对比，白白的画布上什么都没有，中间一方却被蜡烛点得透亮。只见花灯上写着“唯有烛光明”。

围观的人群中有明白缘由的人私下议论道：“第一盏花灯打的是哑谜，叫五官不正、五道不正。这装模作样的五个人，说的分明是粮道、兵备道、盐道，还有守道、巡道，暗讽他们为官不正呢。”

“这第二盏花灯假借刘海钓金蟾的典故，把金蟾换成两只狮子，是在说布政司和按察司争着要金钱咧。”

“第三盏花灯上有两个大戏台子，光有人唱戏，没有人点灯，黑漆漆的。这是说制台和府台两眼一抹黑，操纵戏人做戏，昧着良心呢。”

“这最后一盏花灯，就只有一端置有蜡烛，留下空白的一面画布，什么都没有——这光明的一笔，该由谁来书写啊！”

有人不明事由，问道：“这是怎么回事？”

“听说去年长泰县林、薛两大家族因农田水利之争酿成大量民斗。逐级报官之后，从地方到福建按察使钱士椿、闽浙总督伍纳拉等各级大小官员都吃了黑钱。前些天判案时，这些官员颠倒是非，不分曲直，乱判一通，造成十八人蒙冤丧命……”

人们正议论着，引花车的林雨化朗声说道：“五道冠不正，一批大奸官，长泰十八命，受贿银堆山！”

这花车出现没多久，知情的人们一传十，十传百，早已引得人声鼎沸，群情激昂。

林宾日见状，心想恐怕要出事，赶紧冲着林雨化大喊：“希五世兄，不可逗留，快点走，快点走啊。”陈帙一听，急道：“不能喊名字。”林宾日这才住了嘴。

不过，林雨化似乎听到了林宾日的提醒，远远地虚抱一拳，弃车遁去。

果然，一批兵丁不知什么时候得到消息，只见他们从东街口疾奔而来，如狼似虎，横冲直撞，立刻把花灯队伍冲散了。原本围观的男女老幼一个个大呼小叫，狼奔豕突。精致的花灯四散落地，被踩得稀烂，狼藉一片。表演的人群也是摔的摔，倒的倒，一时之间，惨呼声此起彼伏。

林宾日夫妇因为行动不便，没有凑到前头，早早就领着家人躲在方才开张的杂货店里面。店老板也是善良之人，好心收留他们，赶紧把店门都关了，以躲避无妄之灾。他们都没想到，今年的元宵灯节竟会这般狼狈收场。

林则徐语录

为官首要心身正，盖世功勋有口碑。

13 巧对秀才

林则徐帮母亲去收像生花的账，在杂货店里碰到之前给杂货店写对联的贾秀才。贾秀才有心为难林则徐，出对子刁难他。林则徐机智应对。之后，杂货店老板带儿子向林宾日拜师。

元宵节后不久，福州知府收买他人，寻事诬告林雨化，使其蒙冤入狱。狱中，福建按察使钱士椿对林雨化威逼利诱，逼迫他“认罪”。但林雨化历数省城贪官罪行，宁死不屈。更为可敬的是，林雨化在狱中手不释卷，撰写了《大学中庸要义》等书。林雨化在关押七个月之后，最终被发配新疆迪化

（乌鲁木齐）充军。这是题外话了。

林雨化被诬告之后，林宾日常常长吁短叹，为他鸣不平，可恨自己人微言轻，无能为力。这个时候，林则徐才从父母亲的对话当中，略为了解到林雨化的事迹，对这位世伯愈发崇敬和向往。

这一年，母亲产下一名女婴，林则徐多了一个妹妹。

自从家里有了妹妹之后，林则徐高兴得很，念书也更起劲，常常一边逗弄妹妹玩耍，一边帮着产后的母亲做些家务，分担辛劳。

一天，他早早做完功课，刚回到家中，母亲便跟他说："则徐，我这边带着六妹走不开，大妹她们识字又不多。这里有个单子，你去帮忙取一下现账。都是上个月剪札像生花的钱。"

林则徐接过母亲递来的账单，稍微扫了一眼，说道："依娘，以后您就把账单交给我，我下课回来就去取，您也不用这么辛苦了。"

母亲欣慰地看着儿子，说道："也好，往后的账单就都交给你吧。你也长大了，是个小男子汉了。"

林则徐呵呵一笑，说道："依娘，您老觉得我还小，我可是大人啦。"说着，他一溜烟跑出门去，寻着账单地址去收账了。

与此同时，在东街的那家杂货店铺里，店老板正与一中年书生说话："贾先生，这是您的润笔费，请笑纳。"说着，老板递过一个红纸包，里面有几块碎银子。

那贾先生一边收下红纸包，一边问道："郭老板，刚才看到门口的对联，换了？"郭老板一怔，解释道："对，对，先生这趟远门一去好些日子，还未跟先生说过。先生写的那副对联，改了下联，我找人重新写过，换上去了。"

原来，这对联正是这贾先生写的。他刚进门就发现下联被换，心下很是讶异，暗地里嘀咕了半天，这才问起来。

贾先生听后，脸上有些挂不住，沉默半晌，问道："敢问郭老板，这下联是哪一位大儒的手笔？"

郭老板便将元宵节那天开张的情形据实告知。贾先生未曾料到，自己写的下联被一个十岁的小子给改了，脸上更觉臊得慌，忙搪塞道："你这店是杂货铺，又不是酒楼，这下联'开前后左右门'不是让贼来去自如了嘛？"

贾先生话一出口，郭老板便有些不悦。但他毕竟是生意人，面上仍是笑呵呵的，正寻思着怎么应答，便听到旁边有人说道："这位先生说得有理。但是呢，郭老板是开杂货店的，也正是给街坊邻居大开方便之门，这不是也可以吗？"

说曹操，曹操就到。原来说话的正是林则徐。他挨家挨户去收账，最后一家便是郭老板的杂货铺。自从元宵节那天郭老板好心让林则徐一家进店避祸之后，两家时有来往，郭老板还时常向他们家采购像生花。

林则徐一进店铺门，就听到贾先生的话。他人虽小，却是精明，一听之下，就知道贾先生便是写那副对联的秀才，也听出这秀才多少有些不服气。

郭老板一看是林则徐来了，便忙向贾秀才引荐道："贾先生，这便是修改下联的林则徐。其少有才名，连郑光策先生、林……林教谕都夸他是'神童'呢！"说罢，转向林则徐介绍道："'小神童'，这位就是贾秀才。"林则徐行了一礼，说道："贾先生好。"贾秀才听说这就是改了他下联的"小神童"，不由得多看了几眼，嘴上却没有什么表示，只点了下头，算是招呼过了。显然，他觉得林则徐只是个小孩子，说不定下联是他父亲帮忙改的呢。

林则徐见状，转头向着郭老板说道："依伯，您过奖了，我依爹说我可不是'神童'，只是肯用功，肯念书。"话刚说完，他把郭家杂货铺采购像生花的账单递上柜台，说道："依伯，依娘让我来收上个月做像生花的账。这是账单，请您核对一下。"

林则徐因为自小营养不良，生得矮了些，踮着脚尖伸了伸手，才把账单递到柜台后面的郭老板手里。贾秀才一见这番情形，越发觉得这"神童"之誉徒有其名，冷笑一声，脱口说道："神童，足短。"

林则徐闻言，转头看了贾秀才一眼，没想到这贾秀才居然如此无礼，便不假思索地应道："秀才，眼高。"林则徐一出口就是一绝对，"秀才"对"神童”，“眼高”对“足短”，还隐含“眼高手低”之意。

贾秀才一听，立马被震住了，不断打量着个子小小的林则徐，不敢再有轻视之心，更不敢目中无人了。他问道：“林家小子，你可曾上学？”

林则徐揉了揉鼻子，装作大人模样，应道：“小生四岁开蒙，自幼在家父膝上念书。七岁作文，过些日子，就要参加童试了。”

贾秀才有意考验林则徐的才学，便说道：“老夫眼下有一上联，一直寻不到下联。正好应了当下时景，不知你可愿来对？”

林则徐初生牛犊不怕虎，兴奋地说道：“好啊，说来听听。”

贾秀才抬头望向店铺门外的天空，只见明月高悬，微风送爽，点点星辰闪烁着，镶嵌在宁静的夜幕中。店铺门外不远处，正好是东街边上的内河，河道不深，清澈见底；河水波澜不惊，静静地流淌着。他说道：“你听好了，这上联是‘北斗七星，水底连天十四点’。”

北斗七星照耀在内河的河水中，天上与水面相连，共有十四点。以此为题，堪称精巧绝妙。贾秀才一说完，便将目光投向林则徐。郭老板虽不大懂，但也能听出这一联的精妙，便一同望向林则徐。

林则徐一时犯了难，这一上联看似简单，文字也常见，却是难对。他望向门外，人来人往，川流不息，正在寻思，忽听到一声雁鸣，随后便有一只大雁的身影从空中掠过。

这一下，林则徐来了灵感，只听他笑道："我对上来了。你听好了，我这下联是'南楼孤雁，月中带影一双飞'。"

大家听得仔细，认真思量这一下联，对仗工整，且寓情于景，比之上联，更多了悠远的意境，果然是好对。

贾秀才听完，暗暗佩服林则徐，又问道："我再出一对，你可听好。上联是'麦浪无鱼，杨柳垂丝空作钓'。"这一上联是他平日闲暇之时偶得，虽然拼凑过几句下联，却总不满意，始终觉得意境差了几分。

林则徐心想，这贾秀才不是说好只对一副上联嘛，怎么问也不问，又来一联？不过他也没多说什么，略一思索，便有了下联，说道："屋山有雀，蜘蛛结网费张罗。"说完，便掩嘴轻笑。

贾秀才默念着下联，觉着对得工整，也有深意，不由得点点头。直到听到林则徐的笑声才反应过来，这是在说他枉费"张罗"啊。这下子，他自觉跟小孩子一般见识，还难不倒人家，实在难堪。

不久，自愧弗如的贾秀才便默默离开了杂货店。

待贾秀才走后，郭老板便跟林则徐结算账目。之后，他问林则徐："'小神童'，不知林先生可常在家？"

林则徐仔细收好钱款，应道："我依娘刚刚生了小妹妹，依爹一直在。依伯要是找他，就到罗氏试馆来，白天都在上课呢。"

郭老板一听，连说恭喜，并说改日要登门拜访林宾日。林则徐临走时，郭老板还塞了件小礼品，说是给他妹妹的小礼物。林则徐推脱不过，只好收下。

郭老板说是改日拜访，却直到来年才登门。

这天上午，林宾日刚授完课，郭老板便带着一个少年来到罗氏试馆。

林宾日赶忙行礼，把两人引到偏厅入座，开门见山问道："郭老板，听小儿说你会来。不知何事需要不才效劳？"

郭老板很认真地说："林先生，我早些时候便听说您德才兼备、教学有方。贵公子又年少才俊，得'神童'美誉，果然是虎父无犬子。"林宾日见他说得郑重，居然搭不上话。

郭老板把身边的少年引到林宾日面前，继续说道："不瞒林先生，我自小便走街串巷，东奔西跑做些小买卖营生。这么些年来，总算是在省城落了脚。这是犬子郭阶三①，刚刚从老家过来。我想让他拜在林先生门下，好好读书做人，他日不求金榜题名，

---

①郭阶三，字世敦，清代福州名士。湖广总督郭柏荫之父。

但求明德知理，我们郭家也能从此诗书传家啊。”

林宾日听这郭老板虽然是做买卖的，但对答之中颇有读书人的气韵，丝毫没有铜臭之气，心底便有结交之意。只见他如此推崇自己，还把儿子带来念书，也是非常欣喜，便立刻答应下来。

郭老板赶紧让儿子行拜师礼，又奉上见面礼，算是正式入了林宾日的门下。林宾日看郭阶三比林则徐大了几岁，长得眉清目秀，说话应答彬彬有礼，很是喜欢，便问道：“你可曾上学？”

郭阶三朗声回道：“学生之前拜在老家郑云卿老师门下，上了几年学，略通文章。”

林宾日闻言，点点头，便转过身把林则徐叫来，说道：“则徐，这是郭老板的儿子，叫郭阶三，已经拜在我门下。你带他一起到学堂与大家认识一下，就让他坐你后面吧。”

因为郭老板的缘故，林则徐自然觉得郭阶三亲近，不迭点头，说道：“知道了，依爹。我现在就带他过去吧。”说着，林则徐拉起郭阶三的手，带着他去认位置了。

闲聊中，郭阶三问起林则徐：“刚才跟依爹来的路上，看到一座很大的院子，那是不是贡院①？”林则徐一听，便应道：“那么大的院子，也只有贡院了。”郭阶三闻言，暗自低语：“不知我什么时候才

① 贡院，我国古代举行乡试、会试的考场。

能前去应试……”

林则徐笑了笑，说道：“什么时候去应试，我不知道。不过，悄悄跟你说，过不了多久，我依爹会到文笔书院主讲，到时候我们一同到文笔书院读书。听说文笔书院就在贡院东北边，在那儿随时都能看到贡院。”林则徐话音刚落，便见郭阶三目视前方，面露神往之色。

林则徐语录

三生慧福孰能兼，占尽韶华颇不廉。

14 登顶为峰

二月二，龙抬头。林宾日带着他的学生一起攀登鼓山，并一路讲解鼓山名字由来等典故。在鼓山顶上，林宾日让众学生谈谈登山的感想。林则徐语出惊人："海到无边天作岸，山登绝顶我为峰。"林宾日决定，让林则徐参加童试。

果然如林则徐所言，嘉庆元年（1796）的春节一过，林宾日受邀前往文笔书院执教。文笔书院位于屏山之麓，书院背负屏山，因有石笔耸立而得名。

林宾日爱生如子，把读书入仕的希望都寄托在自己的学生身上。在他的努力之下，林则徐与郭阶三等一众学生都进入文笔书院读书。

二月二，龙抬头。这一天，林宾日约好自己的门生，一起理头发、吃春卷、喝拗九粥，然后带着他们去登鼓山。

鼓山位于福州城东部、闽江北岸，山上风景独特，秀丽怡人。

这是林则徐第一次登鼓山。一路上，他眼见父亲时而若有所思，时而面容庄重，便隐隐觉得此次鼓山之行或有深意。

林宾日一边爬山，一边为学生讲解起鼓山名字的由来："这座山为什么叫鼓山呢？有人说，这座山上有状如鼓的石头，所以叫作鼓山。又有人说，每当打雷下大雨的时候，山上就能听到簸荡的声音，像打鼓一样。古人对此山颇多赞誉，西晋尚书郎郭璞在《迁城记》中就有'左旗（山）右鼓（山），全闽二绝'的评语……"

林宾日显然为此行做了不少功课，诗词典故信手拈来。

师生一行从山麓下院登上二千多级台阶，步入"七亭七里路"，通过涌泉寺，攀登鼓山顶峰。当他们站在鼓山顶峰最高处，福州大地尽视眼底。

林宾日微微一笑，说道："大家来看，站在鼓山之巅，正如我朝释元贤所编著《鼓山志》所言：'南望双江如带环绕，隔江诸山如象奔虎踞；西望郡城若图书远近，村落若聚米若布棋；北望万山争奇竞峭，若拥而立其后；东望大海一气茫然，螺髻数点隐见烟波中。’”

众学生听得云里雾里，面面相觑，不知老师有何用意。

这时，只听林宾日说道：“江山壮丽，可开阔胸怀、陶冶情操。此情此景，不知道你们有什么感触？说来与大家一同分享。”

林宾日的教学方式在当时可谓独树一帜。后来，步入中年的林则徐曾回忆到：“府君之教，谆谆然，循循然，不激不厉，而使人自乐于向学；讲授书史，必示以身体力行、近理著己之道，罕譬曲喻，务使领悟而后已，然未尝加之笞挞，即呵斥亦绝少。”也就是说林宾日的教育方式，既谆谆教导，又循循善诱，不用激烈的言辞和严厉的态度，就能使人自然地喜欢上学习；讲授书本上的知识与道理，一定会教你身体力行，理论联系实际，把握理论的精神实质。对于深奥难懂的学问或道理，他善于用新鲜生动的比喻加以解释，使你领会、理解。林宾日从来不拿竹板打学生，就是呵斥也非常少。

可见，林宾日与学生的关系十分融洽，又善于引导学生表达自己的观点。因此，他刚问话，便有学生抢先回答：“回老师的话，学生于此，首先想到的便是诗圣杜甫的千古名诗《望岳》：‘岱宗夫如何？齐鲁青未了。造化钟神秀，阴阳割昏晓。荡胸生曾云，决眦入归鸟。会当凌绝顶，一览众山小。’”

回答的学生叫郭尚先[1]。

林宾日听了郭尚先的回答，点了点头，称赞道："尚先首答，甚好。抛砖引玉，说明鼓山之行，开阔了胸怀，对今后读书必有增益。"

说罢，林宾日再问："来，大家都说一说吧。"

林宾日今日带来的学生中，郭阶三年纪最大。只听郭阶三也发言了，说道："老师、各位同学，我想到的是曹操的《观沧海》，诗曰：'东临碣石，以观沧海。水何澹澹，山岛竦峙。树木丛生，百草丰茂。秋风萧瑟，洪波涌起。日月之行，若出其中。星汉灿烂，若出其里。幸甚至哉，歌以咏志。'"

郭阶三吟诗作罢，林宾日不由得抚掌赞道："说得好，从这鼓山上看闽江水，联想到江水入海，以观沧海。有气魄，有想象，不错，不错。"听完，大家反应过来了，原来从鼓山上看下去，可望福州城，也可观闽江水蜿蜒入海。郭尚先说的是山，郭阶三说的是海，可谓两相得宜啊。

林则徐听得入神。这时的他已经十二岁了，这一两年来，个头长高了不少，比同龄的郭尚先还要高些，隐隐有了小大人的模样。站在鼓山之巅，他举目眺望，有山有水，有方圆百里的福州省城，有层层叠叠的缥缈云海，仿佛世间万物尽收眼底，世

---

①郭尚先，字元开，号兰石，著名学者，书画家，福建莆田人。我国著名文学家郭风便是郭尚先的六世孙。

事如常尽在掌握。

只见林则徐认真地向大家行了一礼，说道："父亲、各位同学，曹操的《观沧海》气势磅礴，寓情于景，情景交融，颇具风骨。杜甫的《望岳》以泰山咏志，尾联可谓千古绝句，与亚圣所言之'孔子登东山而小鲁，登泰山而小天下'有异曲同工之妙。"

说到此处，林则徐挺起胸膛，环视鼓山之下，天地之间，朗声说道："我于此地，偶得两句，愿与大家分享。有道是'海到无边天作岸，山登绝顶我为峰'。"

话音刚落，众人回味之后，纷纷鼓起掌来。林宾日有些激动，看着儿子的身影，默立而视。

郭阶三说道："则徐，你这两句一出，窃以为，可观止乎。"郭尚先与林则徐同年，都是学生中年纪稍小的，他拍了下林则徐的肩膀，说道："我们说的，可都是拾人牙慧，你则是语出惊人。得，果然是'神童'啊。"说罢，呵呵直笑，倒把林则徐说臊了。

林宾日这才说道："俗话说，举贤不避亲。但无论是为父，还是为师的角度而言，则徐的这两句确实有分量、有气势，又独树一帜，值得夸赞。哈哈哈！"说罢，他忍不住欣慰大笑起来。

林则徐第一次听到父亲当着这么多学生的面夸赞自己，有点儿呆住了。半晌，他回过神来，眼眶不

由得湿润了。能得到父亲的认可，他突然觉得这些年的寒窗苦读，都是值得的。

有了林则徐这两句之后，其他学生不好再班门弄斧，便没人再发言。过了一会儿，林宾日转头跟学生们说道："你们可知，为师今日带大家登鼓山所为何事？"

众学生明白，这是要进入正题了，都认真地听着。

林宾日接着说道："为师已决定让你们参加这个月的童试。从现在起，开启你们的科举之路。"

中国的科举考试起于隋朝，历经一千多年，至清朝已较为完备。从学成应试伊始，分为童试、乡试、会试、殿试。童试即童生试，应试者不论年龄大小统称童生，是读书人取得生员的入学考试，是读书入仕的晋升之始。童试包括县试、府试、院试三阶段。县试在各县进行，由知县主持，清朝时一般在每年二月举行，连考五场。府试由各府的官员主持，在四月举行，连考三场。通过县、府试的书生便可称为童生，参加由各省学政或学道主持的院试。

林则徐从四岁开蒙至今，尚不过八年。他听了父亲的话，有些忐忑。

林宾日看着儿子，温声说道："则徐，依爹本来没有打算让你参加今年的童试。今天带你来，只是让你跟师兄弟们一起开阔胸怀，长长见识。但是，你刚才的那一句‘海到无边天作岸，山登绝顶我为峰’，让我改变主意了。你也参加今年的童试吧，提枪上马，开弓上弦！”

林宾日的言语中，有着兴奋，更有着自信。林则徐得到父亲的鼓励，不由自主地点点头，坚定地说：“好，我一定不让父亲失望。”说完，父子俩甚为默契地相视一笑。

这时，旁边的郭尚先弱弱地问道：“老师，参加童试的学生包括我吗？”

林宾日一听，才想起跟林则徐同龄的郭尚先。他略为尴尬地浅笑一声，说道：“尚先，你是在书院寄读，学籍在莆田，童试要回原籍考。另外，你才刚学文章，可待明后年再考。”

郭尚先很是失望，不由得叹口气，皱着眉头，说道：“哦，原来我还不够格啊！老师让人空欢喜一场。”

他的个子最小，又是寄读生，大家平日对他多有关照。众人见他装作一脸落寞，说话又风趣，都笑了起来，笑声回响在鼓山之巅，留刻在云天之间。

林则徐语录

岂能尽如人意，但求无愧我心。

15 少年案首

林则徐参加童试，首战告捷，被选作祭孔典礼上的佾生。在府试阶段，他与林靖光并列第一，福州知府陈观为了决定“案首”的名字，特地将两人召来加试，最后林则徐胜出。

二月份的县试中，林则徐首战告捷。而且，他的文章可谓是脱颖而出，考官们纷纷传阅。当听说这是林家“神童”所作时，考官们都恍然大悟。之后，林则徐被选作当年祭孔典礼的佾生。

佾生，即佾舞生，是孔庙中的歌生、舞生。各府州县都有定额，由学政在本籍院试后，从虽未入围但成绩尚好的俊秀童生中，依据文章水平，择优录取。

这年九月二十八日，一年一度的祭孔典礼在福州文庙举行。

佾生林则徐静立在孔庙的石碑前，心中庄严而肃穆。他正发愣，父亲已经过来催他前去准备，祭孔典礼即将开始。

祭孔典礼可追溯到公元前478年，也称“祭孔释奠礼”。在祭典中，陈设音乐、舞蹈，并且呈献牲、酒等祭品，对孔子表示崇敬之意。祭孔典礼包括乐、歌、舞、礼四种形式，而乐、歌、舞都是紧紧围绕“礼”而进行的。

林则徐参加的是典礼中的重要环节——乐舞表演。这年的表演采用最高规格的“八佾”，即参与舞蹈表演的人数为八队，共六十四人。祭孔的乐舞以歌颂孔子生平事迹为主要内容，表演人员分为舞生和乐生两种。虽说起舞或者歌咏不过是一套固定的动作，并配合吟咏，林则徐早已练习熟悉，但此时于他而言，仿佛接受了一次读书入仕的精神洗礼。

参加完祭孔典礼回来，林则徐仿佛一夜之间长大了，读书更为刻苦。每天晨间，他闻鸡起舞，手不释卷，还主动帮母亲做家务；在上学的路上，他将母亲和姐姐们制作的像生花拿到店铺去寄卖，每个月月初又到各家店铺去把账目结算回来。

母亲看他如此忙碌，却乐此不疲，心底也是颇为心疼。只是这一年的她又生了一个儿子，颇为劳累。加上前年出生的小六和去年出生的小七，家里多了两三个需要照顾的小婴儿，母亲也是千斤重担在肩上。

也正是应了一句老话，穷人的孩子早当家。

嘉庆二年（1797）的四月，十三岁的林则徐参加了童试中的第二场考试——府试。府试共分帖经、杂文、策论三场，分别考记诵、辞章和政见时务。

此时，福州知府陈观看着从泉州府发回的名册，头疼了。因为阅卷的泉州知府评了两份第一名。这其中一份是林则徐的答卷，另一份是林靖光（字和人）的答卷。两份答卷均是文从字顺，条理清晰，可圈可点，一时之间难分伯仲。

清朝年间，各省学政于考试后揭晓名次，称为出案。因此，凡考试第一名者，称为案首；同时，学政取定名次后，会将名单发往各府、州、县，此为“红案”。这名单上的第一人是理所当然的“案首”。但两人的成绩可以并列第一，把谁的名字写在前面呢？

想了半天，陈观索性通知林则徐和林靖光两人一同前来，加试一场。

不多时，两位林姓才子便来到衙门。林靖光已至而立，行事稳重；林则徐呢，稚气未脱，青春年少。

陈观看到林则徐的模样，略有些惊讶，没想到还是个少年郎啊。不过，他稍整心绪，对着二人说道："本府今日召两位前来，一则，祝贺两位在府试中拔得头筹，并列为第一名。"

二人听了，眼中泛光，按捺不住内心的欢喜，不期然相顾而笑。

陈观继续说道："二则，两位的文章各有千秋，不分伯仲。本府见才心喜，现今临时起意，想加试一场，以试文采，可否？"

他们二人哪敢不肯，忙点头答应，各自心中忐忑，不知道这加试的一场，所为何故？又会考些什么？

陈观看看天色，已然不早，况且并列第一已定，现在加试，不过是为了出案之首名。他略一沉吟，有了主意，说道："这场加试，很是简单，片刻即得。我来出一上联，你们各自对下联，看谁对得好。"

底下两人算是了然，肃立恭听。

陈观捻须细想，转念浅笑说道："你们听好，这上联是'童子何知'。"说罢，略有深意地看向林则徐。

别看这上联就四个字，其实不简单。此四字有典故，语出《左传·成公十六年》之"国之存亡，天也，童子何知焉！"字里行间隐含着表示对年轻人的轻视。但有时候也可作自谦之语，比如唐朝诗人王勃的《滕王阁序》中"童子何知，躬逢胜饯"，意思是（我）一个年轻人知道什么，（却有幸）亲自参与这样盛大的宴会。

林靖光自然知道这四个字所包含的意味，怎么感觉这是对着旁边这位“神童”说的呢？他偷眼瞧向林则徐，只见他一脸肃穆，仿佛丝毫体会不到这四个字的意味。

林靖光正愣神，便听林则徐说道：“学生年幼，不敢争先，请和人兄先对。”这林则徐虽还是童稚之声，但说话却相当老成。陈观点了点头，转向林靖光说道：“说得在理，那就你先来吧。”

殊不知，这先应对的人实际上是吃了亏，因为后应对者既多了些时间思考，又可以借鉴先应对者的对子。林靖光心里暗自苦笑，沉吟半晌，竟无所得。他索性放弃了，向陈观和林则徐拱手施礼，说道：“学生无果。”

陈观闻言，温声道：“对不上来也无妨，本场加试无碍府试成绩，你莫放心上。”他正想问林则徐是否应对上来之时，林则徐早已拱手行礼，说道：“陈大人，您可能是听错了。”

陈观愣了，问道：“听错了？何错之有？”那林靖光听了，也是不知林则徐之所云，如罩迷雾。

林则徐说道：“和人兄方才不是对上来了吗？”说罢，他含笑转头，看向林靖光。林靖光一听，恍然大悟，“学生无果”正好可以对上“童子何知”，字面上对仗工整，就是无甚韵味。不过，这真是巧了，奇了。

但是，这不是林靖光的本意啊。他脸上泛红，正要解释，却听到陈观哈哈一笑，说道："是本府有失，居然没听出来。对，对，是对上来了。'学生无果'正好可对'童子何知'。不错，不错。林则徐，那你对上来了吗？"

林则徐应声说道："回大人，学生也对上来了。学生对的是'大人利见'。"

陈观和林靖光一听，蓦然一惊，便又暗暗叫绝，这才是真正的好对啊。

"大人利见"亦有典故，语出《易经》之"乾卦，九二爻辞"中的"见龙在田，利见大人"。此处，"见"通"现"，句义为龙出现在田野里，表现大人物出场的景象。"大人利见"可解为两个含义，一是表现有大人风范，二是得到大人的赏识。

林则徐用"大人利见"对"童子何知"，不仅对仗工整，连隐含的深意也是互相呼应，答得精妙又有气魄。

更为难得的是，"大人利见"还有另一层深意：林靖光未能应对上来，无意中说了"学生无果"，林则徐巧妙应对，既保全了林靖光的面子，又隐隐显露出自己的才学，希望得到"大人"的赏识；与此同时，陈知府没有点破，而是顺着林则徐的话，认可林靖光"无意"中的应对，这就是"大人"风范啊。

陈观不愧进士及第，名家之后稍微细品，便觉察到林则徐这一应对的精彩之处。他真没想到，这年方十三的林则徐，竟有如此才学和情商，实在是难得。他爱才心切，不由朗声大笑，说道："对得好，对得好啊！本府裁定本场加试，林则徐胜出。靖光，你可有意见？"

林靖光一怔，没想到陈观居然问他，忙行礼应道："回大人的话，本场加试，靖光心服口服。"

待林则徐和林靖光走后，陈知府拿起准备上报的录取名册，心里回味着刚才林则徐的应对，郑重地在红案之首写下"林则徐"三个字。

林则徐语录

催落山泉作钟磬，秋色满岩云有声。

16 得中秀才

十四岁的林则徐参加院试，考中秀才，参加院试时做的文章在坊间里巷流传。此后，林则徐跟同学一同前往芒山书院，闭门读书，却亲历洪水暴发，林则徐自此留心学习与农业水利相关的知识。

在林则徐成为府试第一名的时候，林宾日也终于被选为岁贡生，升入国子监。

明清时，各府、州、县学会选送优秀的生员升入国子监就读，成为岁贡，意为贡献给皇帝的人才，即“岁贡生”，如蒲松龄、吴承恩等。

林宾日虽一直未考中举人，但被选为贡生，却也是一种认可和安慰。同时，他也对自己的科举之路慢慢淡然。他将自己的重心都转移到教书育人上，一心一意想要培养出更多的人才。

而此时，林则徐因为考取了府试第一名，其“神童”之誉再次在坊间里巷传开。因此，想拜入林宾日门下的人也越来越多。

嘉庆三年（1798），林则徐迎来人生的第一次大考——院试。如若通过院试被录取，便可成为“秀才”。因为秀才可以到衙门按月领取粮食，所以这不仅是林则徐科举之路的一大步，还可以为贫寒的林家分担责任。

林则徐不负众望，一举考中了秀才。不仅如此，他在应试时所作的《仁亲以为宝》，成为坊间传诵的佳作。

此篇文章阐述了君臣、父子的封建伦常关系，透露出“自古原无独私之国”的想法。其中“表里河山，天下有失而复得之同；墓门拱木，自古无死而复生之人”“君臣之合本人为，自古原无独私之国；父子之情本天性，天下更无可代之心”等语，皆被时人传为名句。

在府县之内，得中秀才可以免税、免徭役，最高一级秀才还可以领取国家的薪水。而且，秀才可以在下辖的各级私塾、学校当讲师，甚至还有直接被任命为县太爷的。因此，很多人当上秀才之后便开始坐吃山空，不思进取。

但是，林则徐决定到南港的芒山书院闭门苦读。林宾日对林则徐此举颇为赞同。门下的几位同学听说了，也想随他一起去芒山书院。林宾日眼见这批志同道合的年轻人都有读书向上的心性，大为欣喜。

到了出行之日，天公不作美，暴雨如注。林则徐、郭阶三、梁友馥、陈伍畴等一众同门却无人缺席，大家各自撑着油纸伞，简单地背个行囊，一起向南港文山村进发。

然而，未到芒山书院，文山村一路的景象却让众人越走越心惊。

原来，文山村在福州远郊，这里世代居住的都是靠天吃饭的农户。一年下来，村民们冒寒春耕，浴暑夏耘，披霜秋收，入冬则家无余粮，生活甚是艰苦。而这几日，连降暴雨，溪洪泛滥，随处可见无情的洪水淹没农家，连他们一行到访的陈絅石山长家里也遭了水灾。

众人连忙放下行囊，帮着陈絅石排水、补漏，忙活了大半天，勉强止住了水患。

陈絅石倒是乐观，笑呵呵地说道："你们今日可真是来得早不如来得巧，正好帮忙把水患排除了。还是年轻人好，有的是力气，老夫老矣。咳咳，咳咳。"说着，陈絅石忍不住咳嗽起来，林则徐忙扶着他坐下，说道："陈老师，我们一路走来，看到水患横行，村民叫苦连天，真是令人心惊。"

陈絅石缓了口气，叹道："老百姓最怕的就是天灾，咱们闽地因为沿海，向来多雨，第一害便是水患。如若碰上台风天气，那狂风骤起，暴雨倾盆，百姓就遭殃了。”

说到这，他看着这几个稚气未脱的少年，便没有再继续，转言道：“不说这些了，你们几个的房间都安排好了，大家先把行囊放好，我已安排厨房做饭。这半天大家也辛苦了。”

众人忙应诺称谢，却见林则徐紧皱眉头，一言不发，若有所思。陈绚石正要说话，便听林则徐说道：“陈老师，我想到后山看看去。”陈绚石一愣，不知道林则徐想去后山做什么。还没开口问，林则徐就行了个礼，撑开油纸伞，出门奔后山去了。

其他师兄弟听了，不敢丢下林则徐一个人去后山，便一齐向陈绚石行礼致歉，全都跟着去了。

不多时，林则徐一行人来到芒山书院的后山上。一路攀爬，身上全是泥泞，狼狈得很。但是，当他们在后山顶上向山下望去之后，便忘记了自己这一身狼狈相。

众人俯视山下，只见洪水过境，奔流万顷，良田变成泥海，庐舍荡然无存，只留残墙片瓦。更令他们心惊的是，遥听可及，哀声遍野，惨不忍睹，隐约之中，村民相互帮衬、求助的声音此起彼伏。

虽为文弱书生，但善良的少年们立刻下山，在暴雨洪流之中，帮助村民力抗水患。

也许是老天开眼，一会儿工夫，雨渐渐停了。

众书生整整忙活了一整天，筋疲力尽地回到陈绸石家里。

陈绸石这才知道，他们是去村里帮忙了，心底不由感动万分。

洪水退去后，林则徐等人才在陈绸石家中安定下来，开始读书。不知不觉，他们来到芒山书院已过去一个月。大家经常相约到芒山书院后边的小溪边上背诵诗文。那琅琅的书声，淙淙的溪流，定格在太阳西落中，流淌在时间的长河里。

这日，大家一同出门读书，到了傍晚，却不见林则徐回来。直到暮色四合，林则徐才回到书院。他一路愣神，没跟人打招呼，径直走回屋内，点了蜡烛，又继续翻书苦读。

天色昏暗下来，其他人都已用完餐，各回各屋去了。陈绸石隐隐有些怒气，这年轻人到了饭点，都不知道要出来，难道还要三请五迎吗？他拄着拐杖站起身来，来到林则徐的屋门前。只见林则徐背着门口，在烛光下一动不动，不知做什么，便假意咳嗽几声，林则徐仍没反应。陈绸石开口喊道："则徐，则徐——林则徐！"

屋内一片寂静，只有陈绸石的喊声回荡着。陈绸石走进里屋，站在林则徐身后，伸手拍了拍林则徐的肩膀。

林则徐惊起，回头一看是陈绸石，连忙行礼致歉说："抱歉陈老师，我方才读书入了神，不知道您

来了。”

陈绸石摆了摆手，说：“你可知道现在几时了？”

林则徐这才恍然大悟，尴尬一笑，说道：“都入夜了。您没来的话，我都不知道晨昏昼醒了。”

陈绸石看到桌上摊开着好几本书，书上的折痕清晰可见。他叹口气，问道：“天色已经这么昏暗，你为什么勤学苦读到此地步呢？”

“为什么？”林则徐重复着这三个字，想起自己从小昼夜苦读的抱负与志向，想起来到文山村后看到百姓面对天灾的无力，慨然答道：“读书志在明志，读书志在报国，读书志在苍生，能不勤耶！”

林则徐的回答，既简单又直接，其声铿锵，其情激昂，倒把陈绸石吓了一跳。他怔了怔，便朗声笑道：“明志、报国、救苍生，果然是读书之人。说得好。不过，人总是要百炼才能成钢，饭还是要吃的。你这是几顿没吃了？”

林则徐抱歉地说道：“让老师费心了。”

陈绸石闻言，不由摇头浅笑，一眼瞥见林则徐手里的《天工开物》。

《天工开物》是明代科学家宋应星的著作，是世界上第一部关于农业和手工业生产的综合性著作，被称为“十七世纪的中国工艺百科全书”。

陈绸石原以为林则徐在读经史类的应试书籍，没想到他居然读的是工具书，很是诧异，问道：“则徐，你怎么看起这种书来？”

林则徐正色道："为了苍生。"

如果是别人如此回答，陈缃石倒是会一笑置之，但是这话由林则徐说来，不禁让人思考起这句话的分量。只听林则徐说道："当日，学生眼见百姓面对天灾的疾苦，心中不忍。这些天，便到田间地头里去，跟他们闲聊，倒是学到了不少以前不曾学过的农学知识。"

林则徐认真地说："学生认为，农学之根本，不外有三。其一是兴修水利，引水灌溉，筑坝抗洪，保障耕作，避免在天灾面前无能为力；其二是研制农具，《论语》有云：'工欲善其事，必先利其器'，先进的农具能达到事半功倍的效果；其三是推广良稻，各方水土各有不同，总有适合耕作的作物，可先做良稻试验，或审其根，或察其叶，择其良者，推而广之……"

陈缃石听着林则徐的话语，心底不由敬佩起这个年方十四的少年，这是将来必成大器的国家栋梁啊。可是，他还是忍不住打断林则徐，说道："则徐，咱以后慢慢聊。我看啊，你现在还是应该先吃饭。"

好吧，民以食为天。

林则徐语录

大慈悲能布福田，曰雨而雨，曰旸而旸，祝率土丰穰，长使众生蒙乐利。

17 鳌峰书院

林则徐被闽中第一书院鳌峰书院录取。上学的第一天，他在路上偶遇乡贤郑大谟。郑大谟邀请林则徐到家中避雨，并有心考验他。

林则徐与同伴从芒山书院归来，互相道别之后，回到自己家中。刚进家门，便看到家里来了两位客人，一位老年长者，一位青年书生，林宾日陪着二人相谈甚欢。

倒是老年长者先看到林则徐回来，含笑说道："孟养贤弟，这是则徐回来了吧？"

林则徐看了客人一眼，觉得眼熟，只是一时想不起来。但礼数不可忘，他赶忙向交谈的三人行礼，说道：“父亲、二位先生好。”话音刚落，他突然想起来，这位长者可是当年有过一面之缘的闽中大儒郑光策啊。

林宾日笑了笑，说道：“则徐，来，拜见两位老师吧。”

林则徐依言肃立，只听林宾日先引向郑光策，郑重道：“这位是鳌峰书院的山长，闽中大儒郑光策先生。”

果然是他啊，林则徐行礼，说道：“则徐见过郑山长。”

郑光策呵呵一笑，说道：“不用多礼，我们可是有过一面之缘啊。当年端午节在河边偶遇，‘神童’的风采，老夫可是记忆犹新啊。”

林则徐赶忙谦虚说道：“则徐年幼孟浪，让先生见笑了。”

林宾日也说道：“当年小儿无状，郑山长海涵。”郑光策赞许地看着林则徐，笑而不语。林宾日又转向青年书生，说道：“则徐，这位是鳌峰书院的主讲，青年才俊陈寿祺先生。”

林则徐行礼说道：“则徐见过陈主讲。”

陈寿祺笑吟吟地看着林则徐，说道：“则徐长这么大了。说起来，我们也见过一面。”陈寿祺这一说，林宾日恍然大悟。原来，他当年乡试应试，因眼疾发作，正是这位陈寿祺陪护左右，送他回来，想是那个时候见过林则徐。

林宾日解释道："是的，当年我与恭甫贤弟一同乡试应试，我在最后一场眼疾发作，是恭甫贤弟送我回来的。则徐，你那时候才五岁吧。"

此时，却见林则徐郑重地向陈寿祺施了一礼，正色道："陈主讲当年义举，则徐一直铭记在心。则徐当以陈主讲为榜样，助人为乐。"

陈寿祺赶忙说道："孟养兄，则徐小侄，你们不必介怀，当年在下只是举手之劳罢了。"

郑光策听罢这段因缘，朗声笑道："咱们果然是有缘啊。不过，则徐的行囊该放下来了，我们坐下来好好聊聊。"大家这时才发现，林则徐打进门来，一直背着行囊，还未曾放下，不由得相视而笑。

林则徐依言放下行囊，站在父亲身侧。只听林宾日说道："则徐，今日鳌峰书院的两位大家是特地前来告知，你被书院录取了。"

原来，在林则徐得中秀才之后，林宾日便帮林则徐联系鳌峰书院就读的事宜，想让他在更好的学习环境和氛围中，再进一步。

鳌峰书院位于福州市鼓楼区鳌峰坊，居清代福州四大书院之首。

而林则徐第一天前往鳌峰书院求学，便发生了一件有趣的事。

那天，林则徐前往鳌峰书院，刚出门还是晴空万里，走着走着，便下起雨来。没过多久，暴雨倾盆而下。

没带雨具的林则徐无处躲藏，急忙跑到一家大户门前的飞檐下避雨。谁知雨越下越大，短檐也遮蔽不住，豆大的雨时不时打在他身上。

林则徐不觉有些懊恼，刚才出门怎么不带雨具呢？现在是进退不得，一会还怎么去书院？这雨啊，真是说来就来。他回头看到这户人家的大门虚掩，不知里面是否有人，却不好上门叨扰。

林则徐站在檐下，望着瓢泼大雨，脑中不由得想起几篇前人写雨的诗句，倒也应景。他先是默念，继而低咏，直至朗声吟诵："风如拔山怒，雨如决河倾。屋漏不可支，窗户俱有声。"这是宋代诗人陆游的《大风雨中作》，说的是大风拔山摧峰似的怒吼着，暴雨像决堤的河水倾泻大地。屋漏得没办法接住这雨水，窗户也被雨滴打出声音。这似乎应了现在的窘境。

此时，虚掩的大门打开，一位长衫老者走了出来。只见老者说道："这位公子不用客气，进门来避一避雨吧。"林则徐难掩窘态，忙行礼称谢，跟随老者进了门。

老者领林则徐走到厅堂内，请他坐下，含笑问道："老夫适才听到公子在檐下避雨的时候，吟诵了几句诗？"

林则徐歉然道："小可无状，刚才暂借先生的宝地避雨，一时兴起念了几句诗，是宋时陆游的《大风雨中作》。”

说罢，林则徐正色道：“小可姓林，名则徐，住在左营司巷。尚未请教，先生名号？小可今日狼狈，他日登门拜谢先生。”

老者一听，有些讶然，说道：“你是林则徐？”林则徐应诺。老者便说道：“你不必客气，今日是举手之劳。老夫姓郑，名大谟。”

郑大谟①，时任河南永城知县。这些天，他从永城返乡省亲。林则徐今年得中秀才，那篇《仁亲以为宝》在坊间里巷广为传诵，郑大谟早有耳闻。

林则徐应声说道：“原来是郑先生，则徐有礼了。”

郑大谟摆了摆手，说道：“不用多礼。”他见林则徐彬彬有礼，年纪尚轻，却举止不凡，想起他在民间素有“神童”之誉，便留心起来。郑大谟略一转念，跟林则徐攀谈道：“你可还能记得哪些雨中诗句？可否吟诵来听听？”

旧时，读书人倒常有吟诵诗句的雅好。林则徐闻言，没有多想，便道：“那小可献丑了。”他站起身来，略整衣衫，便吟道：“黑云翻墨未遮山，白雨跳珠乱入船。卷地风来忽吹散，望湖楼下水如天。”这是宋时苏轼的《望湖楼醉书》中的一首诗。

---

① 郑大谟，字孝显，号青墅，福建侯官（今福州市南郊盖山乡高湖村）人。

郑大谟颔首微笑，示意他继续。

林则徐又吟道："风驱急雨洒高城，云压轻雷殷地声。雨过不知龙去处，一池草色万蛙鸣。"这是明代刘基的《五月十九日大雨》，重点在于雨过之后，不知龙去处，似有所意啊。

只听林则徐再吟："君问归期未有期，巴山夜雨涨秋池。何当共剪西窗烛，却话巴山夜雨时。"这是唐时李商隐的《夜雨寄北》。

郑大谟一听，心中忽有一念头油然而起，面上却不动声色，一边吩咐下人给林则徐端来一杯茉莉花茶，一边说道："林公子，先喝杯茶。"林则徐正口干，忙称谢，就了一口茶。

郑大谟若有所思，又问道："'信言不美，美言不信。善言不辩，辩者不善。知者不博，博者不知。'此句，语出何处？"

林则徐立即应道："这是老子的《道德经》，只是错了一个字，应是'善者不辩，辩者不善'。"

郑大谟含笑说道："是极，老夫记错了。那……北宋大儒张载的'为天地立心，为生民立命'后两句是什么？何解？"

林则徐朗声道："'为天地立心，为生民立命，为往圣继绝学，为万世开太平'。

"北宋明道先生说：'天地无心，以生物为心。'天地本无心，但人有心，人之心者，博爱济众的仁者之心，廓然大公的圣人之心，人皆有之的恻隐之心。此谓以我为本，行为示范。

“‘立命’源自《孟子·尽心上》：‘尽其心者，知其性也。知其性，则知天矣。存其心，养其性，所以事天也……修身以俟之，所以立命也。’此谓教化生民，安身立命。

“‘往圣’孔孟先贤，‘绝学’者，先贤之弘扬大道也。此为耐得住孤独，受得住寂寞，著书立说，钻研学问。

“‘万世’即永恒，太平乃天下之所愿，民胞物与，全体归仁，为世人安居乐业，我辈当知难而上，负重前行。”

林则徐这一通对答下来，几无停顿，想来早已深思过。郑大谟听得频频点头。

风雨俱下，宅院之内，两杯香茗，一老一少，坐而论道。先秦百家，当世名贤，无所不有。

风雨稍歇，郑大谟眼见时间也差不多，便问道：“林公子，想来这些年苦读甚矣，可否赋诗一首？”

此时的林则徐也已知道郑大谟是有心考他。虽不知何故，但他坦荡自然，也不顾忌，思量之下，便朗声道：“小可闲来偶得一首七绝，颇能道得这苦读之境。这便献丑了。”他喝了口香茶，吟道：“明月皎皎云化龙，欲凿清壁腹中空。古今魏晋风何在？尽而东西南北中。”

郑大谟闻言，暗自思量这首七绝之意，便听林则徐解释道：“小可家贫，夜晚读书，仅一灯可燃，是以有此上句。小可认为做事贵在付诸行动，空谈而多误事，故有此下句。小诗一首，仅为一时感念，倒让郑先生见笑了。”

“公子坦然，倒是老夫耽误公子赴学时间了。”郑大谟朗声笑道，“老夫得公子语不藏私，知无不言，受益匪浅。”

林则徐忙说道：“是小可该向先生道谢，一檐以避雨，又待之香茗，小可才真是获益良多。”

风雨初停，林则徐告别了郑大谟，总算顺利来到鳌峰书院上课。

林则徐语录

山行也学上滩舟，牵挽因人不自由。
一线划开云径小，千寻曳入洞天秋。

18 书院学子

郑大谟对林则徐起了爱才之心，到林宾日家商议，想将女儿许配给林则徐。在鳌峰书院，林则徐刻苦攻读，同时认识了很多至交好友。

林则徐赴学途中避雨一事，居然成就了一段奇缘。原来郑大谟对林则徐的才学早有耳闻，偶遇交谈后，大起爱才之心。数日之后，郑大谟亲自来到林宾日家中，开门见山，商谈起儿女婚配事宜，想把自己的女儿许配给林则徐。

林宾日大为惊讶。林家贫寒，郑家则家境富庶，又是官宦之家，实在有些门不当户不对。郑大谟倒是毫不在意，直说林则徐乃人中龙凤，他日必定不是池中之物，执意要嫁女。最后，双方达成一致，先行订婚，等到林则徐什么时候考取举人，就什么时候完婚，也算是门当户对。

对于这门婚事，林则徐打从心底是感激的。按旧时的做法，他也到了说亲的年纪了。一则家里的情况确实困难，现在郑大谟亲自上门提亲，可以说是意外之喜。二则，郑大谟完全是看中了林则徐的才学，相信林则徐未来的发展潜力，才想着把女儿许配给他，这是对自己的肯定和认同。

此后，林则徐在鳌峰书院愈发刻苦用功，并开始涉猎各种经史典籍，眼界大为开拓。他读书讲究方法，随身带着一本笔记本，凡读到精彩之处，有所感有所思，便都一一记录下来。他研读的内容十分广泛，既有儒家经典作品，包括朱熹、陆九渊、王阳明等人的著作；亦有《老子》《韩非子》《庄子》等先秦百家的论著，还有《史记》《汉书》《战国策》等史籍；连历代诗文集、笔记、佛经、医书及书法碑帖等在笔记本内也是随处可见。

因林则徐是边读边记之故，笔记本上无甚逻辑，不成系统，有时随手摘抄一些警句，有时抄录书中某段故事，有时仅记书籍、作者的简要情况。他如饥似渴地追求知识，独立思考问题，讲究言行一致的态度，笔记中流露出他对现实社会的思考，对官场黑暗面的不满情绪，也展现出他心怀经世致用之志。

一天，郑光策在授课结束之后，对众学子说道："为师近日偶然读到几句警言，愿与大家分享一二。"说罢，他略有深意地看了林则徐一眼，继续道："观操守在利害时，观精力在饥疲时，观度量在喜怒时，观修养在纷华时，观镇定在震惊时。"

林则徐在堂下一听，心中讶异，这不正是他之前偶有所思，写在笔记本上的五句感言吗？不知老师什么时候看到了，居然在这个时候念出来，不由得脸上微红，有些坐立不安。

郑光策又说："不知道大家听了以后，作何感想？是否有类似的观察警句？"

许久，堂下有一人站起来作答："学生有一句，先行献丑。'观松柏在大雪后'。"

说话之人，叫梁章钜①。他向来为郑光策所器重，此时，已是举人的他仍在书院一边求学，一边帮忙打理书院的事物。

郑光策一见他先回答，不由点头赞许，说道："此句语出《论语·子罕》'岁寒，然后知松柏之后凋也'，寓意不错。"

有人带了头，便有人续上，说道："观菊花在严霜后。"

---

①梁章钜，字闳中，清代著名学者，著有《制义丛话》《归田琐记》《论语旁证》《楹联丛话》等作品，曾任江苏布政使、甘肃布政使、广西巡抚、江苏巡抚等职。

郑光策闻言，不觉莞尔，说道：“要是早一句说来，尚可。现在听来，拾人牙慧了。”

要求这么高啊，堂下诸生不由交头接耳，窃窃私语，一时之间，倒无人作答。

郑光策一见这种情形，便开始点名了：“这样吧，鸿荃来回答一下。”

廖鸿荃①推脱不过，便起来作答，说道：“学生的一句，也是东施效颦，见笑了。‘观荷花在风雨后’。”

此句一出，便听到堂下有人浅笑，有人嘀咕，好像这一句“观荷花在风雨后”跟方才的那一句“观菊花在严霜后”没什么区别。

却听郑光策说道：“此句尚可。你们若是以为此句与‘观菊花在严霜后’雷同，那倒不然。雨后观荷，可谓出水之芙蓉，立意不同，独具妙意。加之，荷花谓之佛花，更有意境。说得不错。”

点评完，堂下众生恍然大悟，不禁对廖鸿荃多看了几眼。此后，堂下静默，无人起身作答。郑光策只好再次点将，说道：“庆琛呢，可否还有补充？”

这次点名的是杨庆琛②，他倒是干脆，站起身

---

① 廖鸿荃，名金城，字应礼，号钰夫，曾典试陕甘、京兆等地，督学浙江、江苏等省，可谓“门生丰天下”。

② 杨庆琛，清代名士，曾任湖南按察使、山东布政使等职，著有《绛雪山房诗集》。

来，行礼致歉，说道："回老师的话，学生愚钝，还未能想出合适的诗句。"

郑光策含笑看着他，面露鼓励之色，说道："无妨，无妨，此处事机变之语，原不是你所长。"言罢，郑光策环视堂下诸生，最后说道："方才的五句'五观'，其实是出自林则徐之手。为师几天前，在其读书札记中偶见，觉得写得不错，对世事常情多有思考，值得肯定，是以说与众生分享。"

众生一听，纷纷看向林则徐，啧啧称奇，要好的几个同门都悄悄地对他竖起大拇指。林则徐赶紧起身，拱手说道："老师谬赞。学生平日胡乱写的，用以自勉，当不得警语。"

郑光策也呵呵笑了，继续说道："则徐，除了这'五观'，你可还有其他'观'语吗？说来大家一起听听。"

林则徐倒不藏着掖着，说道："学生自小家贫，深知读书不易，因而自幼苦读。平日里，尚有几句偶得，只是过于直白，未曾记下来。"

郑光策说道："直白无妨，说得有道理，就是好句子。"

林则徐略整心绪，正色说道："观忠奸在国难时，观孝顺在家贫时，观朋友在困危时。"

众人细品，皆自点头，话虽直白，却有道理。

郑光策点评道："甚是明理。家贫出孝子，国难见忠臣，危困得知己。则徐有心了，日后如金榜得中，位极人臣，必定能为国家之栋梁啊。”

细微处见真章，林则徐得此评语，心中慨然。

林则徐语录

师敌之长技以制敌。

19 见贤思齐

嘉庆八年（1803），林宾日与乡里同辈相约结社，名为“真率会”。之后，他与同学们相约清明节一同拜谒李纲祠，祭扫李纲墓。

在林则徐进入鳌峰书院的第二年，其师陈寿祺进京应试，进士及第后，选翰林院庶吉士，散馆授编修。嘉庆七年（1802），林则徐的至交好友梁章钜进京赴考，得中进士，授翰林院庶吉士。

在师友的激励之下，林则徐怎能不刻苦攻读呢？只是，这时候的他时常感到家境贫寒的窘境。因此，他想方设法赚钱来贴补读书之用，有时在文笔书院兼职授课，有时在闽县衙门兼做知县房基的书廪（抄写员）。

于是，就有人劝林宾日，让则徐不要读书了，直接改行就业，但林宾日笑而不答。

此时的林宾日早已放弃应试的想法，专心致志地教书育人。有趣的是，林宾日家对于林则徐的同学来说，实在是个非常有吸引力的地方。林母为人和蔼善良，父亲林宾日则是恬淡涵养，又身兼文笔书院主讲先生，从不严苛孩子，学子们都愿意聚集在他这里，纵论天下文章。

林宾日看到儿子心性纯良，刻苦用功，其处境和心态均有变化。他效仿起宋代林逋"梅妻鹤子"的美誉，也在自家园里养鹤弄梅，陶冶性情。林则徐的书院同窗们，常结伴来他家赏鹤，成为一件美事。后来，廖鸿荃还特此写诗云："记曾文笔峰前过，放鹤人归楚士家。不敢轻将和靖比，一生孤冷伴梅花。"诗中提及的"和靖"是北宋诗人林逋，此时的林宾日颇有先贤风范。

嘉庆八年（1803），林宾日与乡里同辈赵在田、谢曦、陈焌、林芳春、林雨化（刚从新疆蒙赦返乡）等人相约结社，名为"真率会"，"月必数集，集必竟日，讨论文字，上下古今"。聚会活动的地点时常是在林雨化的书斋中。他们在交谈中主张反对泥古，反对守旧，反对虚伪，"纵谈不讲之乎者也""说家常不及男婚女嫁"；在形式上，反对守旧，主张"主客一揖即罢”“终日不讲虚邀多谢”。现在看来，颇为民主，甚是开明，林则徐也借此机会，得以结识不少人品、文品俱佳的闽中前辈。

嘉庆九年（1804），林则徐决定参加当年的乡试。

一天，他在父亲主讲的文笔书院借书苦读，连午饭都忘了吃，直到郭阶三来喊他，才想起下午约了同学一齐到梁章钜家里，也学“真率会”的模样，论道交谈。他赶紧放下书本，与郭阶三一道走出书院。

他们路过文昌祠，几缕阳光正从云边的缝隙中照射下来。文昌殿的朱门半掩，隐约可见火红的蜡烛在微风中闪烁。两人对视一眼，心生敬意，不由自主地向文昌殿走去。走进殿内，郭阶三拉着林则徐，一齐在文昌坐像前，拜叩文昌公，一方面表示尊敬，另一方面也希望得到他的祝福。

从文昌祠出来，二人来到梁章钜的家中，廖鸿荃、沈廷槐①、杨庆琛、郭尚先、梁友馥、陈伍畴等同道中人早已聚齐。

林则徐进来的时候，正好听到梁章钜在一旁沉默着，时而幽叹一声。林则徐有些奇怪了，按说梁

① 沈廷槐，原名桢，监名植，字宝山，号亭槐，工书法，善兰竹。之后林则徐将六妹林惠芳许配给沈廷槐的弟弟沈廷枫，其子沈葆桢为中国近代海军之父。

章钜得中进士，近期正在家中等待朝廷外放任命的消息，正是春风得意之时，怎么长吁短叹的样子呢？

他忍不住问道：“闳中兄，何事长吁短叹？”这时，其他人也注意到梁章钜身为主人的异样。廖鸿荃也问道：“是啊，闳中兄莫不是跟依嫂吵架了？”他话音刚落，听到的人都哄笑起来，大家也都一同看着梁章钜。

梁章钜轻笑一声，说道：“胡说些什么，一会要是让嫂子听到了，你晚上就别想留在这吃饭了。”众人又是大笑。

梁章钜继续说道：“昨日，我路过荆溪大嘉山，偶见乡贤李纲的墓地，荒草萋萋，破败不堪，甚是感慨。想起李纲贤相抗金固防，革新内政，是与岳飞、文天祥等人齐名。现在，他的陵墓却成荒寒之地，想来未免心酸。”

李纲祖籍福建邵武，是两宋之际抗金名臣，民族英雄。靖康元年（1126）金兵入侵汴京时，李纲组织军民，击退金兵。宋高宗即位初，一度起用为相，曾力图革新内政，仅七十七天即遭罢免。后来，他在福州病逝，朝廷追赠少师。

众生听罢梁章钜之言，也自叹然。林则徐正色道：“敬仰先贤本是我们读书人的本分。我有一个提议，过几日便是清明节了。到时候，我们一起去李纲墓祭扫一番，也不枉读了那么多圣贤书。”

大家都觉得这主意不错，郭阶三拊掌说道：“我听说西湖西南隅有李纲祠。不如，我们先去李纲祠拜谒，再到李纲墓祭扫。”

就此，众人说定。

林则徐语录

鸦片流毒于天下，则为害甚巨，法当从严。若犹泄泄视之，是使数十年后，中原几无能够御敌之兵，且无能够充饷之银。

20 双喜临门

嘉庆九年（1804），林则徐考中举人；放榜的第二天，林则徐与郑淑卿完婚，可谓“双喜临门”。林宾日为弱冠之年的林则徐取字，寄托对他未来的希望。

到了清明节的第二天，一大早众人便在梁章钜家集合，由郭阶三带路，先前往西湖，拜谒李纲祠。只见祠堂冷落，杂草丛生，唯有李纲坐像，目视前方西湖，仍炯炯有神。林则徐不禁思绪万千，心中有所得，口中低语：“进退一身关社稷，英灵千古镇湖山。”

众人一起动手，拔除祠堂的杂草，再打扫干净，一字排开，正容肃立，恭恭敬敬地面向李纲坐像拜谒。

之后，由梁章钜带路，众人前往郊外荆溪大嘉山，寻李纲墓去了。李纲墓在大嘉山南麓，砖石结构，造型古朴、庄严，墓前石阶十三级，旁有祭坛。但果如梁章钜所说，荒草萋萋，破败不堪，真不知道多久没人来过，更别说祭扫了。正所谓众人拾柴火焰高，几个时辰不到，李纲墓在大家的清理下总算露出本来的面目。

林则徐不禁喟叹道：“想不到李纲生前忠肝烈胆，为国为民，现在的容身之所却如此简陋不堪。”良久，林则徐郑重地在墓前施礼，祭拜再三，心中暗道：“将来若有出头之日，定竭尽所能，将李纲先贤的坟墓、祠堂都好好修葺一新，以表见贤思齐的敬仰之心。”

从大嘉山归来，众人心中都有些萧然，默默无语。走到山下，却突然看见一个老妇口中骂骂咧咧，正举着一把菜刀追打一个年轻人，那年轻人步履蹒跚，没跑几步，跌倒在地。

林则徐赶忙上前，扶起年轻人。其余众人也赶紧上前劝那老妇，梁章钜说：“依姆，消消气，消消气，人家都摔了，快把菜刀放下，莫要出人命啊。”

那老妇一见众人来劝，脸色凄然，这才把菜刀往地上一扔，自己一屁股坐在地上，嚎啕大哭起来，口中不住嚎道：“这天杀的不孝子啊，我就当没有生过这个不孝子，把好端端的家弄没啦，把好好的儿媳妇给卖啦，我的下半辈子可怎么过啊……”

众人越听越觉得奇怪，再看向那年轻人，骨瘦如柴，面黄肌瘦，双目恍惚，如骷髅一般，还时不时地流着口水，真是说不出的恶心模样。他任凭老妇打骂，却始终面无表情。

林则徐转过身来，温声问那老妇：“依姆，这是您儿子吧？不知道犯了什么事，让您老人家如此打骂？”

老妇看着这些同样年轻的小伙子，突然恨声说道：“你们都是乖伲囝，可千万不要去吃‘福寿膏’啊，千万不要去碰鸦片啊，那都是吃人不吐骨头的魔鬼啊，一碰就全完了啊……我可怜的儿媳妇啊，你怎么这么命苦啊，我们怎么这么命苦啊……”

细听之下，众人终于明白，这年轻人是老妇的独子，原本也算老实勤快的人，不知道什么时候学会了抽鸦片。鸦片是毒品，碰了一辈子就完了。这年轻人自从染上鸦片，就什么活都不干，把好好的家都“抽”没了。后来就铤而走险，偷鸡摸狗，作奸犯科，被乡里人打断了一条腿。前几天，居然扔下家里未满周岁的婴儿，把媳妇卖给了人贩子。

平日里，林则徐已经多多少少听说过鸦片。这鸦片的危害，今日是真真切切地看在眼里。再细看那年轻人的模样，林则徐突然觉得反胃、恶心，经受不住，忙跑到一旁，呕吐起来。

梁章钜毕竟年长十岁，对林则徐颇多照顾，赶紧过来帮林则徐缓一缓，担心道：“则徐，你这是怎么了？”

林则徐压住内心的翻腾，摆了摆手，说道：“闳中兄，我没事。只是突然觉得这鸦片实在是可怕，心中难忍厌恶，就想吐。”

梁章钜点点头，说道：“是啊，这鸦片不只是害人，还误国。听说我朝每年因为鸦片流失出去的白银有数千万两之多，长此以往，必会祸及根本。”

林则徐正色道：“他日我若能金榜题名，为政一方，必除之鸦片而后快！”

稍后，众人将老妇和她儿子送回家中，找来街坊好生安顿，临走之时，又凑了些银两，交予老妇。众人这才带着沉重的心情，各回各家。

这年八月，千军万马过独木桥般的乡试终于开始了。

主持考试的正副主考官由朝廷委派，这一年的主考官是广东学政茅元铭，副考官是四川学政周系英，房师是长乐知县王福增。

八月初六，考官们便入闱，先举行入帘上马宴，凡内外帘官都要赴宴。宴毕，内帘官进入后堂内帘之处所，监试官封门，内外帘官不相往来，内帘官除批阅试卷外不能与闻他事。考试共分三场，每场考三日，开考时间为八月初九、十二和十五。

考试的地点自然是在贡院了。考生进入贡院时，

贡院

要进行严格的搜身，以防藏有“夹带”。考试的座位是一个小隔间，叫考棚，又叫号舍、号房，专供考生答卷、吃饭、住宿的考场兼宿舍，考生每人一个单间。考棚一般长五尺，宽四尺，高八尺，有上下两块木板，上面的木板当作答卷的桌子，下面的当椅子。晚上睡觉时，将两块木板一拼当床。考棚里还有一盆炭火、三支蜡烛。炭火可以取暖、做饭。考试期间，考生需要自己解决吃饭问题。考生进入考棚后，就要锁门。考生们参加考试期间，饮食起居都在号房内，与外界隔绝，直到考试结束。

福建有“海滨邹鲁”之誉，文教兴盛。民间自古便有“金举人，银进士”的说法。以林则徐参加的科考来说，参加乡试的诸生近万人，到最后只考中了八十多人，可谓“百里挑一”。

在这场考试中，林则徐排在第二十九名。

此时，最高兴的其实是林宾日，他特地到先祖灵前祭祀一番，以慰生平。想他自己，真是命里无时莫强求，居然因为眼疾数次不中。现如今，儿子林则徐第一次参加乡试，便完成了他一生的夙愿，内心是五味杂陈，诸般心绪皆有。

乡试放榜次日，地方官照例要举办宴席，宴请新科举人和内外帘官，此为鹿鸣宴。据说，此例起于唐代，至明清亦沿袭。饮宴之中，先奏响雅乐，随后吟诵《诗经·小雅·鹿鸣》：“呦呦鹿鸣，食野之苹。我有嘉宾，鼓瑟吹笙……”

《鹿鸣》原是乐歌，也是《诗经》的“四始”诗之一，诗意为鹿儿发现了美食不忘伙伴，发出“呦呦”叫声招呼同类一块进食。古人认为此举为美德，于是上行下效，天子宴群臣，地方官宴请同僚及当地举人和地方豪绅，以此举表示礼贤下士。

然而，林则徐没有参加这一次的鹿鸣宴，因为他在这一天，迎娶了妻子郑淑卿。此后，他们夫妻二人相濡以沫，相伴一生，是为佳话。

早在放榜之前，郑大谟已经把成婚诸事与林宾日商量好并安排妥当，就等着林则徐得中的消息一出来，立刻操办。他对这个东床快婿倒是信心十足。

果不其然，林则徐得中举人，看好的成婚之日便是放榜的第二天。可谓是双喜临门。

成婚这天，林家上下一派喜气洋洋，林宾日门下跟林则徐的同窗好友早早便来了。林则徐的诸位老师及长辈，诸如林雨化、郑光策、陈兰泰、陈寿祺也都到场祝贺，连陈绸石也从芒山书院特地赶来。好在，林则徐的母亲打理有方，她领着儿女，忙前忙后，倒也张罗得条理分明，热闹却不忙乱。

此时，林家院子里张灯结彩，人声鼎沸。在林家里屋，却见林则徐在林宾日面前，肃身而立，聆听父亲教诲。

林宾日正色说道：“则徐，其他的话，我便不再多说，我相信你今后定能洁身自好，为国为民。”

林则徐应诺：“父亲大人的教诲，则徐铭记。”

林宾日继续说道："今年你正是弱冠之年，也到了取字的年纪。为父早些年便已想好，为你取了一字，唤作元抚。"说罢，林宾日将一张红纸递给林则徐，上面写着"元抚"二字。

林则徐伸手接过，这个倒不意外，因为四岁那年，林宾日便已经跟他说过。

未料，林宾日又说道："后来，为父偶得，又为你取了一字，唤作少穆。"说着，他又递过一张红纸，上书"少穆"二字。

林则徐依言接过，再次拜礼，问道："不知父亲大人，有何深意？"

林宾日呵呵一笑，说道："个中缘由，我说与你听罢。当年，你出生那日，我偶遇福建巡抚徐嗣曾的礼仪队伍，听说他礼贤下士，颇有清名。后来你出生了，我便想，你以后若是读书入仕，最起码也要做一任巡抚啊，哈哈哈……"

林宾日这内心的小秘密从未与旁人说过，此时说给儿子听，也是掩饰不住内心的喜悦和殷望。林则徐深深地感受到父亲倾注在他身上的期许，十分感动。

那另外一字呢？只听林宾日又说道："为父向来仰慕南朝先贤徐陵先生，他字孝穆，便给你取字少穆。想着你若出仕不力，便要同徐先生一样，以文名留青史，哈哈哈……"

林则徐闻言，立刻明白父亲的意思。这是在开导他，进则出世拜相，退则著书立说，俱是良道。

没想到，这个时候林宾日又拿出一张红纸，递给林则徐，只见上面写着“石麟”二字。林宾日难掩得意之色，说道：“这也是为父替你取的字。想当初，我们端午观龙舟，你与郑山长在河边应对，对得巧妙，对得精彩，自此得郑山长‘神童’之誉。为父的心里，实在高兴，也为你感到骄傲。那徐陵先生被称作‘天上石麒麟’，我儿子比之丝毫不差，也是石麒麟。那天回来，我便为你取了‘石麟’的字。你真是为父的好儿子啊，哈哈哈……”

林宾日说得高兴，竟手舞足蹈起来。林则徐分明听得父亲话语中满满的舐犊情深，终于忍不住，泪流满面，跪地拜道：“父亲大人，您对则徐恩重如山，孩儿永世不敢忘。”

林宾日扶起儿子，眼中含泪，说道：“则徐，你是好孩子，从没让我和你依娘操过心。我就怕对你期望太高，让你压力太大，学得太苦、太累，喘不过气来。”

林则徐忙说：“父亲言重了，则徐深知读书不易，不觉得累。今后定当继续苦读，不负父亲大人厚望。”

这时，屋外传来母亲催促的声音。结婚的吉时将至，她来催促父子俩赶紧出门去。

于是，父子二人相顾一笑，抹去眼中清泪，走出门去。

二十岁的林则徐，即将开启一段崭新的人生之旅。

林则徐语录

海到无边天作岸，山登绝顶我为峰。

图书在版编目（CIP）数据

少年林则徐 / 练建安，邱伟坛著. —厦门：鹭江出版社，2020.4

ISBN 978-7-5459-1735-2

Ⅰ.①少… Ⅱ.①练…②邱… Ⅲ.①林则徐(1785－1850)—生平事迹—青少年读物 Ⅳ.①K827＝52

中国版本图书馆 CIP 数据核字(2020)第 052547 号

SHAONIAN LINZEXU

少年林则徐

练建安　邱伟坛　著

出　　版：鹭江出版社

地　　址：厦门市湖明路 22 号　　**邮政编码**：361004

发　　行：福建新华发行（集团）有限责任公司

印　　刷：福州德安彩色印刷有限公司

地　　址：福州金山工业区浦上园 B 区 42 栋　　**联系电话**：0591－28059365

开　　本：700mm×900mm　1/16

印　　张：11

字　　数：97 千字

版　　次：2020 年 4 月第 1 版　2020 年 4 月第 1 次印刷

书　　号：ISBN 978-7-5459-1735-2

定　　价：25.00 元